Walking with the Comrades

ゲリラと森を行く

Arundhati Roy
アルンダティ・ロイ
著

Aihara Ayako
粟飯原文子
訳

以文社

目次

装幀＝岡孝治

ゲリラと森を行く

あなたの血は問う、
富める者と法はいかに絡まり合っていたのか
どんな硫酸鉄の化学構造で結びついていたのか
なぜ貧しき者はいつも法廷に落ちていったのか

――パブロ・ネルーダ「裁判官たち」

序　敬礼を受ける大統領

大臣は言う。インドのためにみな村を出て都市に向かうべきだ。彼はハーバード卒。スピードを求めている。それに、数字も。五億人が移動すれば、格好のビジネスモデルになるだろう。そう大臣は考える。

とはいえ、都市が貧民に埋め尽くされるのを嫌う人もいる。ムンバイの裁判官はスラム住民を都会のスリと呼んだ。べつの裁判官は、不法居住区をブルドーザーで一掃するよう命じ、金のないやつらは都市に住むなと言い放った。

立ち退きの憂き目にあった人びとは出身地に戻り、生まれ育った村が巨大ダムや採石場の下に消えたことを知る。故郷は飢えと、そして警察とでいっぱいだった。森には武装ゲリラがあふれていた。戦争も移住していた。インドのはずれ、カシュミール、マニプル、ナガランドから中心部へと。仕方なく人びとは、混雑した都市の街路や舗道に引き返した。埃っぽい建設現場の掘っ立て小屋にひしめきあって暮らし、この大国に自分たちの居場所はあるのだろうか、と思いめぐらす。

大臣は言った。都市にやって来るのはたいてい犯罪者であり、「近代都市にそぐわぬ振る舞いをもたらす」。中産階級は彼の率直な態度に感心した。歯に衣着せぬ物言いをする、と。治安改善のために警察署を増設して、警官の雇用を拡大し、道路にはパトカーを増やしましょう。そう大臣は公言した。

二〇一〇年の英連邦競技大会に向けて、デリーを世界レベルの都市に引き上げるべく、法が次々に可決されていった。貧しい人びとを洗濯物の汚れのごとく除去するための法だ。通りから行商人は消え、人力車引きは許可証を失い、小さな商店や商売はつぶれてしまった。物乞いたちは検挙され、移動裁判所の移動裁判官がやって来てかれらを審理にかけると、街の外に捨てられた。残ったスラムはビニール製の広告で遮蔽された。「あなたのおいしいデリー（DELHIciously Yours）」。

新種の警官が通りをパトロールするようになった。かれらはより重厚に武装し、上質になった制服を着用して、どんなに深刻な挑発を受けても、公の場で股をかかないよう訓練されている。監視カメラがあちこちに取り付けられ、すべてを記録していた。

＊

近代都市にそぐわぬ振る舞いをもたらす幼い犯罪者がふたり、警察の捜査網をかいくぐって、ひとりの女性に近付いた。女性は交差点で、サングラスとぴかぴかの車の皮張り座席にはさまれている。恥知らずにもこの子たちは金をせがんだ。女性は金持ちで親切だ。犯罪者たちの頭は車の窓にやっと届くくらい。名はルクミニとカムリ。それとも、メルニッサとシャーバーノーだったかもしれない（そんなことだれも気にしないけれど）。女性は少女たちに金と母親らしい助言を与えた。カムリ（あるいはシャーバーノー）に十ルピー〔約十五円〕を手渡し、「分けるのよ」とふたりに声をかけ、信号が変わると走り去って行った。

ルクミニとカムリ（あるいはメルニッサとシャーバーノー）は闘士のごとく、拘置所の庭の無期刑囚のごとく、つかみ合った。磨き上げられた車が通り過ぎて、ふたりに危うくぶつかりそうになるたび、ぴかぴかのドアに取っ組み合う姿、死闘のようすが映っていた。

結局、この子たちは跡形もなく消えてしまった。何千ものデリーの子どもたちと同じように。

競技会は首尾良く終わった。

＊

二カ月後、インドが共和国となって六十二年目に、共和国記念日の軍事パレードで新兵器が披露された。ロシア製の多砲身ロケット発射機、戦闘機、軽ヘリコプター、海軍用の水中兵器。新しいT90型戦車はビーシュマ〔古代インドの叙事詩『マハーバーラタ』の登場人物〕と名付けられた（その前の戦車はアルジュン〔同じく『マハーバーラタ』の英雄アルジュナにちなむ〕）。ヴァルナストラ〔ヴァルナ（最高神）が作った水の武器（嵐）〕は最新の長魚雷、マリーチ〔インド神話の陽炎の神〕は敵の魚雷を誘導するデコイ・システムの名前だ（ちなみに、カシュミールの凍える道を巡察する装甲車には、ハヌマーン〔インド神話の猿種族の一人〕とヴァジュラ〔ヒンドゥーの神インドラが持つ武器〕の名が記されている）。こうした名前がヒンドゥー叙事詩に由来するのは単なる偶然だ。インドがヒンドゥー国家だとしたら、それこそただの事故だ。

インド国軍通信部隊の「デア・デビル」は、オートバイに乗ってロケットの形を作ってみせる。次に鳥の群れ、最後に人間ピラミッドを完成させた。

スホーイ戦闘ジェット機が空中で三叉戟を形取る。一機は十億ルピー以上もする。ならば、シヴァ神とトリシューラ〔シヴァが片手に持つ三叉戟〕で四十億ルピーというわけだ。

興奮に沸き立つ観客は、冬の弱い日差しに顔を向け喝采を送る。空高く舞うジェット機の側面はきらめき、ルクミニとカムリ（あるいはメルニッサとシャーバーノー）の死闘を映し出す。

軍の楽隊が国歌を演奏する。大統領はサリーの垂れ布《パルー》を頭にかむり、敬礼を受ける。

二〇一一年二月

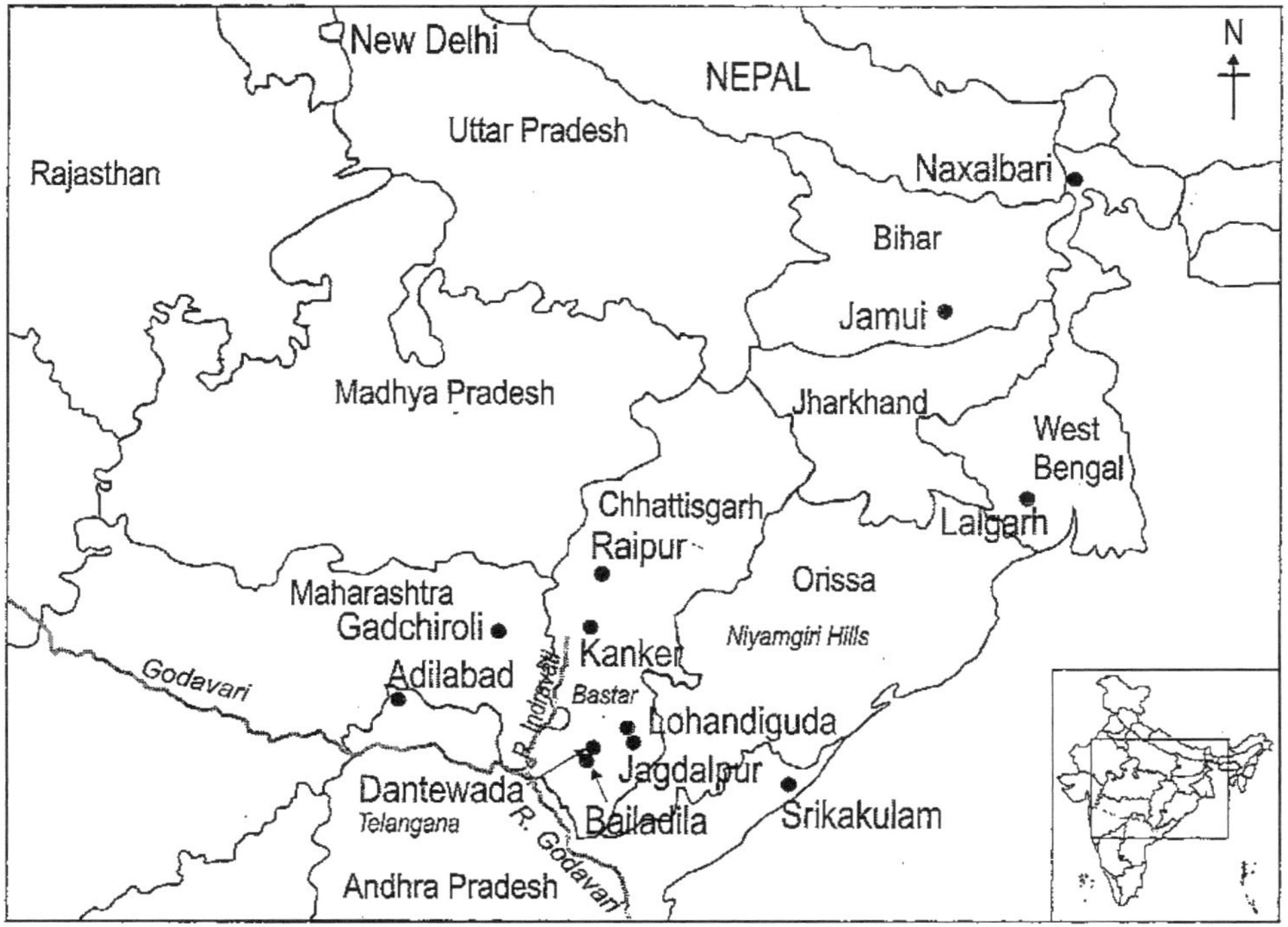
N
New Delhi
NEPAL
Uttar Pradesh
Rajasthan
Naxalbari
Bihar
Jamui
Madhya Pradesh
Jharkhand
West
Bengal
Chhattisgarh
Lalgarh
Raipur
Orissa
Maharashtra
Gadchiroli
Kanker
Niyamgiri Hills
Godavari
Adilabad
R. Indravati
Bastar
Lohandiguda
Jagdalpur
Dantewada
Telangana
Bailadila
Srikakulam
R. Godavari
Andhra Pradesh

略地図

チダンバラム氏の戦争

オリッサ州〔現在はオディシャ州〕南部の低く平らな丘は、インドという国、オリッサという州が生まれるずっと前からドングリア・コンドのふるさとだ。丘はコンドの人びとを見守っていた。コンドは丘を見守り、生ける神々として崇めていた。ところがこの丘は、ボーキサイトを含んでいたせいで、売却されることになった。コンドにしてみれば神が売られたようなもの。ラーマやアッラーやイエス・キリストならいくらになるのだろう、とかれらは問う。

それでもコンドは感謝しないといけない。かれらのニヤム・ラージャ、万物をつかさどる神の住まうニヤムギリ丘陵は、ヴェーダーンタ（知の根本原理を説くヒンドゥー哲学の学派）という会社にわたったのだから。ヴェーダーンタはインドの大富豪アニル・アーガルワルが所有する世界最大規模の鉱山会社。この男はかつてイランのシャーのものであったロンドンの邸宅に暮らしている。ただ、ヴェーダーンタは、オリッサに忍び寄る数多くの多国籍企業のひとつにすぎない[1]。

平らな丘が破壊されると、周囲の森も破壊される。そこから流れ出て平原を潤す大小の川の流れも。ドングリア・コンドも。インド中央部の森林に生きる何十万という先住民も、ふるさとが襲撃を受けて同じ運命をたどることになる。

どんより煙って混雑した都市では、「それがどうした。だれかが進歩の代償を払わないといけない」という声も聞こえてくる。「現実的に考えよう。この人たちの番が来ただけだ。先進国を見てごらん。ヨーロッパ、アメリカ、オーストラリア、どこにだって「過去」はある」などとも。確かにそうだ。だから「わたしたち」も続こう。

この種の考えに沿って、政府は「グリーンハント作戦」を発表した。インド中央部のジャングルを拠点に活動する「毛沢東主義」ゲリラの掃討を掲げた戦争だ。もちろん闘っているのは毛沢東主義者だけではない。土地無き者、ホームレス、ダリット〔いわゆる不可触民〕、労働者、農民、織工。人びとはこの国の至る所で、あらゆる闘争を担っている。かれらは不正義をはたらく絶対的権力に抗い、たとえば大企業が土地や資源を強奪するのを許すような政策に闘いを挑んでいる。だが、政府が最大の脅威として選び出したのは、毛沢東主義者だった。

数年前、状況がまだ今ほど酷くなかったころ、マンモハン・シン首相は毛沢東主義者を指して「国内の治安を脅かす過去最大の脅威」と言った。[2] この文言はおそらく、首相発言のなかでももっともよく知られ、繰り返し引用されたものとして記憶されるだろう。二〇〇九年一月の州首相会議で、毛派の軍隊は「取るに足らない規模」という発言があったが、こちらはどういうわけか注目を引かなかったようだ。[3] 一方、二〇〇九年六月九日には、首相の口から議会で政府の真の懸念が明かされた。「鉱物やその他貴重な資源が莫大にある重要地域で、左翼過激主義が跋扈し続けると、投

ボーキサイト鉱山，ダマンジョディ，オリッサ州，2005年。
平らな丘が破壊されると，周囲の森も破壊される。
そこから流れ出て平原を潤す大小の川の流れも。ドングリア・コンドも。
インド中心部の森林に生きる何十万という先住民も，
ふるさとが襲撃を受けて同じ運命をたどることになる。

ニヤムギリ，オリッサ州，2010 年。
丘はコンドの人びとを見守っていた。
コンドは丘を見守り，生ける神々として崇めていた。

資の傾向に影響が出るのは明らかである」[4]。

毛沢東主義者とはだれか。非合法化されたインド共産党（毛沢東主義派）（ＣＰＩ（毛派））、一九六九年に西ベンガル州ナクサルバリで、のちにナクサライト蜂起として知られる闘争を率いたインド共産党（マルクス＝レーニン主義派）（ＣＰＩ（ＭＬ））分派のひとつである。毛派が信じるところによれば、本質的で構造的なインド社会の不平等は、国家を暴力で転覆することでしか解決できない。その前身組織、ジャールカンド州やビハール州の毛沢東主義共産主義センター（ＭＣＣ）やアーンドラ・プラデーシュ州の人民戦争グループ（ＰＷＧ）は人びとから絶大な支持を得た（二〇〇四年に非合法状態が一時的に解除されると、アーンドラ・プラデーシュのワーランガルでは百万人以上が毛派の集会に集まった）。

しかし、アーンドラ・プラデーシュへの介入は酷い結末を迎えてしまう。暴力の伝統があとに残され、もっとも忠実な支持者ですら、厳しい批判の目を向けるようになった。アーンドラ州警察とゲリラ軍の両方で殺人と報復殺人が激発し、人民戦争グループは解体された。かろうじて生き延びた人びとはアーンドラ・プラデーシュを離れて、近隣のチャッティースガルへと逃れた。そしてチャッティースガルの森の奥深くで、何十年も活動を続けていた同志たちに合流したのだった。

森のなかの毛派の活動がどのようなものか、「よそ者」がその実情に直接触れられる機会は限られている。最高指導者のひとり、ガナパティ同志（ＣＰＩ（毛派）書記長）は最近インタビューを受けた。それでも、毛派が容赦ない全体主義的なヴィジョンを持っていて、いかなる意見の相違も許さない党である、と考える人たちを、たいして心変わりさせられなかった。(5)毛派がもし権力の座につくことになれば、インドのカースト社会の異様なほどの多様性にもしっかりと取り組んでいける、と確信させることをなにも言わなかったせいだ。それどころか、なんの気なしにスリランカのタミル・イーラム解放の虎（LTTE）に関して肯定的な発言をしたために、最大の共感を寄せる人びととの背筋をも凍り付かせてしまった。LTTEの戦争のやり方が残虐であるからというだけではない。LTTEはスリランカのタミル人を代表すると主張し、確かに、ある程度は責任を負っているはずだが、当のタミル人にすさまじい悲劇が襲いかかったからだ。

現在、インド中央部で活動する毛沢東主義派ゲリラの大半は、絶望的な貧しさに苦しむ先住民である。この人びとは、わたしたちがサハラ以南アフリカと結びつけて考えるような飢饉に近い、慢性的な飢餓状態のなかで生きている。インドが「独立」して六十年も経つというのに、かれらは教育や医療や法的な補償を受けることができない。何十年ものあいだ無情に搾取され、小企業家や金貸しに騙され続けてきた。女性たちは、警察や森林局の役人に当然の権利であるかのように強姦されてきた。かれらが尊厳に近いものを取り戻したとすれば、数十年にわたりともに生活し、活動し、闘ってきた毛派幹部のおかげであるところが大きい。

先住民が武器をとるのは、これまで暴力行為をはたらくか無関心でいただけの政府が、こんどはかれらに残された最後のもの――土地までも奪い去ろうとするからだ。政府がこの地域を「開発」したいだけだと言ったところで、信じられるはずもない。国営鉱物開発会社がダンテワダの森に飛行機の滑走路のごとく広く平らな道路を建設したところで、子どもたちの通学路になるなどと、当然だれも信じない。土地のために闘わなければ、絶滅させられてしまう。だからこそ、かれらは武器をとる。

毛沢東主義運動の理論的指導者たちは、最終的に国家を打倒する目的で戦っているのかもしれない。しかし現状では、ゲリラ軍はみすぼらしく栄養失調の状態、大半の兵士は電車やバス、小さな町ですら一度も目にしたことがなく、自らの生存をかけて戦っているにすぎないとわかっている。

二〇〇八年、国家計画委員会〔五ヵ年計画など経済分野の策定を行う機関〕の指名した専門グループが、『過激派影響下の地域における開発問題』という報告書を提出した。報告書ではこのように述べられている。「ナクサライト（毛沢東主義）運動は土地の無い貧農とアーディヴァーシー〔先住民、少数民族の総称〕に強い支持基盤を持つ政治運動として認識されるべきである。運動の出現と成長を理解するには、その一端を担う人びとの社会状況と経験を考慮に入れなければならない。こうした状況に見られる特徴とは、国家の政策と行動のあいだに大きな差が生じていることである。運動が掲げる長期的なイデオロギーは、武力による国家権力の奪取であるにせよ、基本的に日常レベルにおいては、社会正義、平等、自衛、安全、地域の発展を目標にした戦いと見るべきである(6)」。「国内の治安を脅かす最大の脅威」とはずいぶん異なる見解だ。

毛派の闘争は時の流行となっているためか、もっともしゃれた有名人から最大購買部数を誇る新聞のもっとも皮肉屋の編集者に至るまで、だれもが突如として、問題の根本には何十年も蓄積されてきた不正義がある、と進んで認めようとしているかのようだ。しかし、こうした連中は問題に向き合って、二十一世紀のゴールドラッシュにブレーキをかけるようなことをしない。むしろ、毛派の「テロリズム」に対して偽善的な怒りをわめきたて、議論をまったく違う方向にもって行こうとする。つまり、独り言を言っているにすぎないのだ。

武器をとる人びとはテレビを見たり（あるいはテレビに出演したり）、新聞を読んだりしているのではない。「暴力は良いか悪いか」、答えをショートメールで送ってください、などという今日の「倫理学」の問題に携帯電話投票をしているのでもない。人びとはそこに存在し、実際に戦っている。自分たちの住居や土地を守る権利がある、そして自分たちが正義に値するということを信じている。

裕福な国民が絶対に安全でいられるよう、政府はこうした危険な人びとに対して宣戦布告した。戦争に勝利するにはこの先三年から五年かかるかもしれない、と政府は言う。「対話」や「交渉」などがささやかれることなどない。でもおかしくないだろうか。政府はあの十一月二十六日のムンバイ攻撃〔二〇〇八年ムンバイで、ホテルや鉄道の駅などが爆破、銃撃された事件〕のあとですら、パキスタンとの話し合いに応じたというのに。中国とも対話する気でいるのに。貧しい者に対する戦争となれば、強硬姿勢をとるというわけだ。

グレーハウンド、コブラ、サソリ、まさにトーテム的な名の特別警察部隊が、殺人の許可を得て森を徹底捜索するだけでは事足りない。中央予備警察隊や国境治安部隊、悪名高いナガ大隊がすで

13トンの岩石から1トンのボーキサイトが産出される。
静水池の「赤泥」は，
ボーキサイトをアルミニウムに変える精製過程で出る有毒残留物である。

に辺境の森の村落で大混乱を引き起こし、途方もない残虐行為を犯していても、まだ不十分のようだ。政府はサルヴァ・ジュドム――「人民」民兵組織を支援し武装させた。するとかれらはダンテワダの森を、殺し、強姦し、焼きながら進み、五万人を路傍の警察キャンプに留め、残りの人びと（約三十万人）の家を奪い、追いたてた。それでも足りない。政府はインド・チベット国境警察、それに何万という規模の準軍事部隊を動員しようとしている。ある報告によれば、政府はビラースプルに部隊司令部（九つの村を強制移動させる）、ラージナンドガオンに空軍基地（七つの村を強制移動させる）を設置する計画があるとのことだ。(7) こうした決定は明らかに少し前から行われていた。すでに調査が行われ、場所も選ばれていた。おもしろい。戦争はしばらく待機中だったのだ。今やインド空軍のヘリコプターは、「自衛」の権利で発砲することができる。これこそ、もっとも貧しい者たちには認められていない権利だけど。

では、だれに向かって発砲するのか。治安部隊はどうやったら、怯えてジャングルを逃げまどう一般人と毛沢東主義者を区別することができるのだろう。何世紀ものあいだ携えてきた弓と矢を持つアーディヴァーシーも、毛沢東主義者に数えられるのだろうか。非戦闘員の毛派シンパも正当なターゲットとなるのだろうか。ダンテワダ滞在中、わたしは警察署長から彼の「部下《ボーイ》」が殺害した十九人の「毛沢東主義者」の写真を見せられた。署長に聞いてみた。どうすれば毛沢東主義者だと見分けられるのですか。彼が言うには、「ほらご覧なさい。こいつらはマラリアの薬やデトール消毒液の瓶を持っている。ぜんぶ外から来たものだ」。

「グリーンハント作戦」とはどのような戦争になるのだろう。そもそも知ることはできるのだろうか。森からニュースはほとんど聞こえてこない。西ベンガル州のラールガルは遮断されている。なかに入ろうとすれば、ぶちのめされて逮捕される。そしてむろん、毛派のレッテルを貼られる。ダンテワダでは、ヴァンヴァーシー・チェタナ・アーシュラム〔字義通りには「森に住む人びとの覚醒アーシュラム」。アーシュラムは本来「道場」の意だが、運動体を指す場合が多い〕――ヒマンシュ・クマールが運営するガンディー主義のアーシュラム――が、ものの数時間のうちにブルドーザーで破壊された。ここは交戦地帯が始まる直前の中立地点で、ジャーナリスト、活動家、研究者、事実調査班がこの地域で動いている時にとどまることのできる場所だった。

そうこうするあいだに、インドの体制側は最大の武器を使い始めた。御用メディアが、ほぼ一夜にして、あのいつも垂れ流される、根拠もない、でっちあげの、ヒステリックな「イスラーム主義のテロ」の話題を、根拠もない、でっちあげの、ヒステリックな「赤いテロ」の話題に置き換えたのである。この騒動のただなか、グラウンド・ゼロでは容赦なく沈黙が張り巡らされている。「スリランカ方式」がとられる可能性は十分にある。だからこそ、インド政府は国連でのヨーロッパの動向を――スリランカ政府がタミルの虎への攻撃で犯した戦争犯罪に関して国際的な調査を求めていた――阻止したのだろうか。(8)

こうした傾向の最初の動きとして、国内で起こっているありとあらゆる抵抗運動を全部ひとくくりにし、ジョージ・ブッシュ流の単純な二分法に押し込むキャンペーンが一斉に行われた。われわ

鉄鉱石破砕プラント，ケオンジャル，オリッサ州，2005年。
アーディヴァーシーにとって山は生き神で，生命と信仰の源泉，
地域の生態バランスの中枢であっても，
企業からすれば，単なる安価な貯蔵施設にすぎない。
貯蔵庫の商品は利用可能でなければならない。

マンゴーの葉の上についた鉄鉱石の粉塵。
どの山にも川にも林間地にも，覚書が付きまとう。
想像しがたいほど大規模な社会工学と環境工学の問題だ。

れに賛同しないのなら毛沢東主義者の側にいる、というロジックだ。国家は毛派の「脅威」を意図的に誇張して軍事化の口実に用いる（もちろん毛派にはなんの損害もない。こんな注目を受けるのを嫌がる政治勢力があるだろうか）。新種の「対テロ戦争」の分身に酸素が使い果たされているあいだに〔マーガレット・サッチャーの発言「メディアの存在はテロに酸素を供給している」の言い換えか〕、政府はこれをチャンスとばかりに軍事作戦を進め、何百もの抵抗運動をぜんぶ毛派シンパと名指し、一掃することになるだろう。

わたしはここで未来時制を使っているが、このプロセスはすでに進行中である。西ベンガル州政府は、ナンディグラムやシングールでこれを実行しようとして失敗した。目下、ラールガルでは、警察の残虐行為に対する人民委員会――毛派には共感しているが毛派ではない民衆運動――が、型どおりインド共産党（毛沢東主義派）の表組織と言われている。その指導者、チャトラダル・マホトは逮捕され、保釈を認められずに拘禁されて、ずっと「毛派指導者」と呼ばれている。わたしたちはみんな、ビナヤク・セン先生の話を知っている。医師で市民人権活動家のセン先生は、毛派の使いになった、というまったく取るに足らない容疑で、二年間刑務所にぶち込まれたのだ。(9) グリーンハント作戦が脚光を浴びるなか、戦争の表舞台から離れた地域では、貧民、労働者、土地無き者たちの権利、そして政府が「公益目的」で土地を取り上げようとしている人びとの権利に対する襲撃が加速していくだろう。かれらの苦悩は深まり、その声はますますかき消されることになる。

どのような戦争でも同じだが、いったん戦争が始まってしまうと、勝手に弾みがついて、それ自体の論理と秩序で進展していく。日常の一部となり、元の状態に戻すことが困難になる。警察は、軍のように非道な殺人機械として振る舞うよう期待される。準軍事組織は警察のように腐敗し慢心した行政勢力になるよう求められる。同じことがナガランド、マニプル、カシュミールで起こっている。「中央部」で唯一違いがあるとすれば、治安部隊には、自分たちの境遇が戦っている相手よりほんの少しましなだけだと、すぐにわかることだ。やがて民間人と法執行者の区別が不明瞭になる。銃や弾薬が売買されるようになる（これはすでに起こっている）。治安部隊であろうと毛派であろうと、非戦闘員の民間人であろうと、金持ちの戦争で死ぬのはもっとも貧しい者なのだ。それから、戦争の影響など受けるはずもないと思う人がいたら、考え直したほうがいい。戦争は資源を消尽し、この国の経済を疲弊させてしまうのだから。

先週、インドじゅうから市民人権活動グループが集まり、デリーで連続会議を開いた。状況を変えて戦争を止めるにはなにができるのか、その可能性を議論するためだ。二週間前、アーンドラ・プラデーシュの著名な活動家、バラゴーパール博士が亡くなった。彼の不在は身体的な痛みのようにわたしたちに迫りくる。博士はこの時代のもっとも勇敢で思慮深い思想家であったが、わたしたちが彼を一番必要としている時に逝ってしまった。それでも、彼がこの場にいたなら、きっとひとりひとりのヴィジョン、見識、経験、知恵、政治的洞察を聞いて胸を撫で下ろしたことだろうと思える。とりわけ、活動家や研究者、弁護士や裁判官、インドで市民の人権に取り組むさまざまな人びとが結集し、真に人間的なあり方を示しているのを見て、安堵したことだろう。この人たちがデリーに集まったことで、テレビ局のライトの外に、メディアがヒステリックにくり出すドラムの鼓動のかなたに、インドの中産階級のなかにも、人間的な心の鼓動がまだ脈打っていることがはっきりした。近ごろ内務大臣が「テロリズム」を助長するような「知識人の傾向」が生まれていると、この人たちを非難したのは、それもそのはず。そんなふうに攻撃して人びとを震え上がらせ、脅迫しようとしたのかもしれないが、まったく逆効果だった。

この日のスピーカーはリベラルから急進左派まで、あらゆる意見を代表していた。だれひとりとして毛沢東主義者を自称しなかったが、民衆には国家暴力に対して自衛の権利があるという考えに反対する者はごくわずかだった。ただ、多くの人が毛派の暴力や「人民法廷」の即時裁判に不安を抱き、武装闘争に浸透し、非武装の人びとを軽視しがちな権威主義について懸念を示していた。しかしたとえ懸念が口にされたとしても、「人民法廷」が存在するのは、インドの法廷が大衆には手の届かないものであるから、という共通の認識があった。インド中央部で勃発した武装闘争は、生存の危機に瀕して、絶望に駆られた人びとが選択した、最初ではなくまさに最後の手段であることも理解されていた。それに、戦争の様相を呈し始めた状況で、個々の凶悪な暴力の事例から、単純な倫理感を引き出そうすることの危険性についても共有されていた。構造的な国家暴力と武装闘争の暴力を並列できないことなど、とっくの昔に理解している人たちばかりであったのだ。引退したP・B・サワント判事なんて、毛派の人びとこそが、惨たらしく不平等なシステムにこの国の支配層の目を向けさせてくれた、と感謝したほど(10)。アーンドラ・プラデーシュ出身のハルゴーパールは、アーンドラで毛派が活動を中断していた時に、人権活動家としてどのような経験をしたか話してくれた。彼の報告によれば、グジャラート州で二〇〇二年のたった数日間に、バジラン・ダル〔VHP青年部、実働部隊〕とヴィシュヴァ・ヒンドゥー・パリシャド（VHP）〔世界ヒンドゥー協会〕に先導されたヒンドゥー教の暴徒が犯した殺人の規模は、アーンドラ・プラデーシュで毛派の暴力が激しさを極めた時代を超えていた、ということだった(11)。

ラールガル、ジャールカンド、チャッティースガル、オリッサの交戦地帯から来た人びとは、弾

ガンダマルダンでは，
かつての女戦士が，
鉱山会社バルコに対する村人たちの
「ガンディー主義」的抵抗の伝説を明かす。
測量技師をたたきのめし，
ブルドーザーに砂糖を入れ，
ジープを崖から突き落とした，
と彼女は語る。

圧、逮捕、拷問、殺戮、腐敗について語った。オリッサのような場所では、警察が鉱山会社の役員から直接命を受けているらしい、ということも。ある方面のNGOが企業の利益促進に邁進する援助団体の資金を受けて、怪しげな悪行をはたらいていることも明らかにされた。ジャールカンドやチャッティースガルでは、活動家も一般の人びとも――反乱側とみなさるとだれでも――いかに毛沢東主義者の烙印を押されて投獄されるか、ということが繰り返し語られた。なによりもそれが原因で、人びとは武器をとり毛派に加わっている、ということも。政府は「開発」計画によって土地を追われた五千万人のうち、ごくわずかにすら住居を与えることもできないと公言しているというのに、なんと突然十四万ヘクタールもの最良の土地を確保するあてをつけ、企業家に譲渡し、経済特区、つまり、金持ちのための国内タックス・ヘイブンを作ろうとしている、ということも。(12)出席者たちはたたみかけた。最高裁判所がいったいどんな正義を実行しているというのか――政府が「公益目的」と称して土地を強奪し、民間企業に与えているのを知りながら、土地収用法に記された「公益目的」の意味の再検討を拒むなんて。「国家の権限が適応されるべき」と政府が言えば、警察署が設置されるべき、ということでしかないようなのは、なぜなのか――学校や診療所や住宅を建設することでも、衛生的な水を確保することでも、林産物に公正な価格を与えることでも、警察の恐怖から逃れることですらない、つまり、人びとの生活をほんの少しでも楽にすることではないのは、どういうわけか。「国家の権限」が決して正義を意味しないのは、なぜなのか――。

おそらく十年ほど前に、似たような会議で、参加者がまだ「新経済政策」〔経済危機に直面した一九九一年にナラシンハ・ラーオ政権が導入した経済自由化政策。これ以前の市場経済と計画経済を組み合わせた「混合経済」から、市場原理と競争を重視した政策に転換〕に強いられた「開発」モデルについて論争していた時代があった。今ではこのモデルを拒否することで落ち着いている。その答えは疑う余地もない。ガンディー主義者から毛沢東主義者まで、だれもが同意している。残されたのは、このモデルを解体するもっとも有効な方法はなにか、という問題だ。

わたしの友人の大学時代の友人であるビジネス界の大物は、ほとんど未知の世界に病的な好奇心を抱いてこうした会議にやって来た。ファブインディア〔インドの衣料メーカー〕のクルタで身をやつしていたとはいえ、彼は疑いようもなく高級に見えた（それに高級なにおいがした）。途中、わたしのほうに寄って来て言った。「あの人たちにはもう思い悩まないよう言ってあげたほうがいい。勝つことなんてできやしない。だいいち、敵対している相手がわかってないんだ。ああいう企業は利権絡みの金で、大臣、メディアの大物、政策官僚、だれだって買収できる。独自にNGOや民兵組織を作ることもできる。政府まるごと買収することだってできるんだから。毛沢東主義者ですら抱き込みかねない。ここにいる善良な人たちは無駄骨を折らずに、なにか別のもっと良い策を見つけたほうがいい」。

人が暴虐に直面しているというのに、反撃するより「もっと良い策」があるのだろうか。借金地獄に陥り自ら命を絶った十八万の農民と同様、自殺する以外に選択肢が与えられるわけでもあるまいし（インドの支配層、それにメディア業界にいるその代弁者たちにとっては、貧しい人びとが反

毎年，独立記念日と共和国記念日に，クチャイパダルの村人は，
2000年12月マイカンチで
ヒンダルコ〔アルミニウム製造会社〕に抗議したため警察に殺害された，
3人のアーディヴァーシーを追悼して黒旗を掲げる。

撃するよりも、絶望して自殺してくれたほうが、よほど気楽なのではないか。そう思うのはわたしだけだろうか）。

何年ものあいだ、チャッティースガル、オリッサ、ジャールカンド、西ベンガルの人びと――毛沢東主義者もいるが、そうでない人も多い――は大企業をなんとか撥ねつけることができていた。現時点の問題は、グリーンハント作戦がどのようにかれらの闘争の性質を変えてしまうのか、ということだ。厳密に言えば、戦う人びとはなにに対峙しているのだろう。

歴史的に見ると、確かに鉱山会社は地域住民との闘いで、たいてい勝利を収めてきた。武器製造会社を別にすれば、鉱山会社にはどの企業にも増して恐ろしい来歴がある。冷笑的で百戦錬磨のつわもの。人びとが *"Jaan denge par jameen nahin denge"*（命を差し出しても土地だけは渡さない）と言ったところで、たかだか爆弾シェルターに降りかかる霧雨のように、はね返されてしまうのだろう。やつらは千の言語、百の国々で同じ文言を繰り返し聞いてきたのだ。

現在インドでは、連中の多くがファーストクラスの到着ラウンジで、カクテルをたのみ、怠惰な肉食動物のごとく、ゆっくりまばたきをしながら、すでに締結済の――古いものなら二〇〇五年にまで遡る――了解覚書（ＭｏＵ）が現実の金に変わるのを待っている。しかし四年間ファーストクラスのラウンジに居続けると、どれほど寛容な人間でも忍耐が試される。入念だがますます空虚なやり方で、民主主義を実践するふりをするにも、せいぜいそれが限度。（不正な）公聴会、（偽の）環境アセスメント、（買収済の）官庁からの許可、延々と引き伸ばされた訴訟。偽りの民主主義ですら時間の浪費になる。なにより企業家にとって、時は金なりだ。

では、この金とは、どういったたぐいのものだろう。サマレンドラ・ダースとフェリックス・パデルの画期的な著作『この大地から離れて――東インドのアーディヴァーシーとアルミニウムカルテル』によれば、オリッサ州のボーキサイト埋蔵量だけでも、二兆二七〇〇億ドルにのぼる経済価値があるという（インドの国内総生産の二倍(13)）。これは二〇〇四年の価格。今日の価格であれば約四兆ドルにものぼる。ちなみに、兆にはゼロが十二個ならぶ。

このうち、政府が公式に得るロイヤリティは七パーセント以下だ。認知された有名な鉱山会社であれば、鉱石がまだ山に眠る状態でも、先物市場で取引が行われる可能性が高い。だからアーディヴァーシーにとって山は生き神で、生命と信仰の源泉、地域の生態バランスの中枢であっても、企業からすれば、単なる安価な貯蔵施設にすぎない。貯蔵庫の商品は利用可能でなければならない。つまり企業側の見解では、ボーキサイトは山から取り出す必要がある。穏当に進まないのなら、暴力でやるしかない。それが自由市場の圧力であり要請なのだ。

これはオリッサ州のボーキサイトの話。四兆ドルをさらに広げて、チャッティースガルやジャールカンドにある高品質の鉄鉱石数百万トン、それにウラン、石灰岩、ドロマイト、石炭、錫、花崗岩、大理石、銅、ダイアモンド、金、珪岩、コランダム、緑柱石、アレキサンドライト、シリカ、蛍石、ガーネットなど、二十八の貴重な天然資源まで含めるとどうなるだろう。それに発電所、ダム、幹線道路、鉄鋼工場、セメント工場、アルミニウム精錬所など、何百ものサイン済の覚書(ジャールカンドだけでも九十以上にのぼる)の一端であるその他インフラ計画を加えてみよう。そうすれば、だいたいのところ、事業の規模と関係者の苛立ちが理解できる。

かつてダンダカランヤとして知られ、西ベンガルからジャールカンドを抜けて、オリッサ、チャッティースガル、アーンドラ・プラデーシュの一部、そしてマハーラーシュトラへと広がる森には、何百万もの先住民が暮らしている。メディアが「赤の回廊」、あるいは「毛沢東主義派の回廊」と呼ぶようになった地域である。「覚書派の回廊」と呼んでも差し支えないだろう。憲法第五付則には、アーディヴァーシーの保護とその土地の譲渡の禁止が謳われている。しかしそんなことはなんら問題にはならないようだ。この項目は、憲法を良く見せるためだけのお飾り、ちょっとしたショーウィンドウの装飾やお化粧のようなもの。さほど名の知られていない会社から、世界最大の鉱山会社や鉄鋼メーカーなど、あらゆる企業がわれ先にとアーディヴァーシーのふるさとを収奪する。ミッタル、ジンダル、タータ―、エッサール、ポスコ、リオ・ティント、BHPビリトン、そしてもちろん、ヴェーダーンタ。

どの山にも川にも林間地にも、覚書が付きまとう。想像しがたいほど大規模な社会工学と環境工学の問題だ。そのほとんどが秘密裏に進められており、公のものではない。ともかくわたしには、世界有数の原生林と生態系、そこに生きる人びともまるごと破壊する計画が進行中だということが、コペンハーゲンの国連気候変動会議で議論されるとは思えない。インドの二十四時間ニュースチャンネルは、おぞましい毛派の暴力の話題をかき集め、ネタが尽きてしまうと話をでっちあげるのに忙しい。だが、同じ話でもこのような面からは見ようとしない。どうしてなのだろう。

たぶんそれは、メディアがあれほど隷属している開発関係ロビーが、鉱業の進展は国内総生産の成長率を劇的に引き上げる、土地を追われる人びとの雇用を生む、などと言ってのけるからだろう。こういう言い方は、環境破壊がもたらす甚大な犠牲をまったく考えていない。そもそもこの狭い見方自体、間違っている。ほとんどの金は鉱山会社の銀行口座に入る。公的な財源になるのは、一〇パーセント未満にすぎない。移動を強いられた人びとのなかでも、職を得られるのはごくわずかであり、職を得たところで、屈辱的で過酷な奴隷労働が待っているだけだ。わたしたちはこうした発作的な強欲に屈し、自分たちの自然環境を犠牲にしてまで、よその国の経済を支えている。

これほどの金が動いていると、利害関係を見極めるのは必ずしも容易ではない。自家用ジェット機で移動するCEOたちと、ひと月何千ルピーかのために、同胞と戦い、強姦し、殺し、村ごと焼き尽くし、採掘が始められるよう障害を取り除く、「人民」民兵組織内の憐れな先住民特別警察官のあいだには、一次、二次、三次、と何重もの利害関係者がうごめく世界が存在する。こうした連中は利害を公にする必要はないが、地位やコネを用いて利益をさらに追求することができる。どの政党、大臣、議員、政治家、裁判官、NGO、専門コンサルタント、警官が直接間接に儲け話に関わっているのか。いったいどうすればそれがわかるのだろう。最新の毛派の「残虐行為」を報道している新聞のどれが、「グラウンド・ゼロから直接レポート」を行っている——正確に言えば、グラウンド・ゼロからレポートをしないようにしている、いや、もっと正確に言えば、グラウンド・

村の会議，クチャイパダル，2005年。
歴史的に見ると，
確かに鉱山会社は地域住民との闘いで，たいてい勝利を収めてきた。
人びとが
“Jaan denge par jameen nahin denge”（命を差し出しても土地だけは渡さない）
と言ったところで，
たかだか爆弾シェルターに降りかかる霧雨のように，はね返されてしまうのだろう。

クチャイパダル，2005年。
人が暴虐に直面しているというのに，
反撃するより「もっと良い策」があるのだろうか。
かれらに選択肢が与えられるわけでもあるまいし。

ゼロから露骨な嘘をついている――テレビ局のどこが、利害にかかわっているのか。どうやったら知ることができるのだろう。

インド国民がスイスの銀行口座に隠している何兆ドル（インドのＧＤＰの数倍）もの出所は、どこにあるのだろう。先ごろの総選挙で使われた八百億ルピー余りはどこから来たのか。Ｐ・サイナトが最近書いていたが、政党や政治家が「高級」と「大衆向け」と「生放送」という選挙前「報道番組」制作のために、メディアに支払う何億ルピーの出所は？[14]（こんど、テレビ番組で司会者が鈍いスタジオゲストに「なぜ毛沢東主義者は選挙に出ないのでしょう、なぜ表舞台に出て来ないのでしょう」、などと大声で熱弁をふるっているのを見たら、番組にショートメールを送ってみて。「あんたたちに払う金がないんだよ」と）

グリーンハント作戦の最高責任者《CEO》、Ｐ・チダンバラム内務大臣が、経歴上、複数の鉱山会社の弁護を行っていたことをどう理解すべきだろう。彼がヴェーダーンタの非常勤取締役だったこと、そして二〇〇四年、財務大臣に就任した日に、その職を辞任したことをどう考えるべきだろう。彼が財務大臣になって、真っ先に行った海外直接投資の認可のひとつは、モーリシャスに拠点を持つトゥインスター・ホールディングスに対するものであり、それがヴェーダーンタ・グループ傘下の企業、スターライトの株購入のためであったということを、どう理解すべきなのか。[15]

オリッサ州の活動家が、最高裁判所でヴェーダーンタに対する訴訟を起こし、同社の政府基準への違反を挙げ、ノルウェー年金基金がヴェーダーンタの甚大な環境破壊と人権侵害を理由に、投資を撤回したという事実を指摘した。この時、カパーディア判事は、ヴェーダーンタではなくスターライトだ、と示唆したが、これはどう考えればいいのか。そのうえ、判事自らうっかり公開法廷の場で、スターライトの株を所有していることを明らかにしてしまった。判事はスターライトが採掘を開始できるよう森林利用許可を与えた。最高裁の専門委員会自体が許可を認めず、採掘によって森林、水源、環境、そこで生きる何千という先住民の生活と生計手段が破壊されてしまう、とはっきり述べたというのに。カパーディア判事は、最高裁の委員会報告を論駁することなく、この許可を与えたのである。(16)

ダンテワダで「自発的」な民兵組織を装い、残虐な掃討作戦を行うサルヴァ・ジュドムは、二〇〇五年、ターターとの覚書が締結されてから数日後、公式に結成された。これをどう考えればいいのだろう。そしてちょうど同じころ、カンケルでジャングル戦訓練校が設立されたことは？(17)

二〇〇九年十月十二日、ダンテワダのロハンディグダで、ターター総合鉄鋼プラントに関する必須公聴会が開かれた時、五十人の先住民がバスタールの二つの村から政府のジープでジャグダプルに送りこまれ、サクラとして雇われて公聴会に出席した。これはどう理解すればいいのだろう（公聴会は成功したと告げられ、県長官はバスタールの人びとの協力をねぎらった）。

首相が毛沢東主義者を「国内の治安を脅かす最大の脅威」と名指したが（つまり政府が追い回す準備をしているという合図だ）、時を同じくして、この地域で活動する多数の鉱山会社の株価が急上昇したことをどう考えるべきか。

鉱山会社はなんとしてもこの「戦争」を必要としている。いつもの手口だ。これまでなんとか強制移動の企てに抵抗してきた人びとが、暴力の影響を受けて出て行くと期待してのことである。それが結末なのか、これからますます毛派のゲリラに加わる人が増えるのかは、まだわからない。

前西ベンガル州財務大臣のアショク・ミトラ博士は、「幻の敵」という記事でこの議論をさかさにして述べている。毛派が犯している「恐ろしい連続殺人」は、ゲリラ戦争の教科書から学んだ古典的な戦略である、と博士は言う。毛派はゲリラ軍を形成して訓練を行い、国家と対決する準備ができており、その「暴虐」は、まごつき怒り狂ったインド政府の報復を招こうとする計画的な試みなのである。そして、毛派は国家が残虐行為をはたらいて、アーディヴァーシーを怒らせるよう期待している。ミトラ博士が言うには、毛派が望んでいるのは、こうした怒りが増殖して武装蜂起へと展開していくことである。(18)

もちろんこれは、ある方面の左翼が毛沢東主義者に向ける「冒険主義」の非難と同じだ。つまり、毛沢東主義の理論的指導者は、革命を起こして権力の座を奪取するために、かれらがその名において活動する人びとに災厄をもたらしているにすぎない、というような。アショク・ミトラは古参の共産党員で、六〇年代、七〇年代に西ベンガル州のナクサライト蜂起を間近で見ていた。彼の見解をすぐさま否定することはできない。とはいえ、アーディヴァーシーには毛沢東主義が誕生するずっと前から、勇敢な抵抗の歴史があることを肝に銘じるべきだ。アーディヴァーシーを中産階級の毛派指導者数名に操られている愚かな手先と見るのは、むしろ酷い仕打ちである。

おそらくミトラ博士は、これまでのところ資源の話がでていない、ラールガルの状況を言っているのだろう（ただし、現在起きているラールガルの蜂起は、州首相がジンダル鉄鋼工場の落成に訪れたことが引き金となっている。鉄鋼工場の場所から、鉄鉱石の埋蔵地域が遠く離れていること

シンドゥバハリの
トゥラ・デイ・ポロボイは，
何年にもわたって，
ランジガルのヴェーダーンタ製錬所の
境界壁に隣接する家から
立ち退くことを拒んでいた。
最後まで残っていた彼女も，
去ってしまった。

などあるだろうか)。人びとの怒りは絶望的な貧困から生まれている。と同時に、警察や西ベンガル州を三十年以上統治するインド共産党(マルクス主義派)の軍事組織「ハルマド」の手によって、何十年も苦しめられてきたことに起因する。

百歩譲って、ラールガルで何万もの警察と準軍事組織が犯している犯罪行為を不問に付し、毛沢東主義者の「冒険主義」という議論を受け入れたとしても、全体像のほんの一部しか見えてこない。

本当の問題は、インドの奇跡的な「成長」物語の旗艦が座礁してしまったことにある。「成長」のために、とてつもない社会的、環境的な犠牲を払わされた。そして現在、川が干上がり、森林が消滅し、地下水面が低下し、人びとが現実に起きている問題を理解するようになると、悪行の報いがはね返ってくる。国じゅうが混乱に陥っている。土地の明け渡しを拒絶し、資源の略奪を許さず、偽りの約束を信じることをやめて、人びとは立ち上がっている。突然、一〇パーセントの経済成長率と民主主義が、相容れないように見えてくる。

平らな丘からボーキサイトを取り出し、林床から鉄鉱石を採掘し、人口の八五パーセントから土地を奪って、その人びとを街へ送りこむために(チダンバラム氏が見たいと言っていることだ)、インドは警察国家にならないといけない。政府は軍事化する必要がある。軍事化の口実には敵が必要となる。毛沢東主義者がその敵、というわけだ。企業原理主義者にとって毛派は、ヒンドゥー原理主義者にとってのムスリムのようなものである(原理主義者どうしの連帯意識なんてものがあるのだろうか。だからRSS〔民族義勇団、ヒンドゥー主義組織〕は、チダンバラム氏に対してあけすけに賛辞を送るのだろうか)。

準軍事組織、ラージナンドガオン空軍基地、ビラースプル部隊司令部、非合法活動防止法、チャッティースガル特別治安法、グリーンハント作戦、このすべてが数千の毛沢東主義者を森から一掃するためだけに導入されたと考えるのは、大きな間違いだろう。チダンバラム氏が先に進んで「作戦開始」を発令するかどうかによらず、グリーンハント作戦の話自体に、来るべき非常事態がどのようなものか、その問題の核心を見ることができる（さて、ここで数学の問題。カシュミールの小さな渓谷に六十万の兵士が必要なら、何億人もの増殖する怒りを抑えつけるには、何人の兵士が必要でしょう)。

つい先日逮捕された毛派の指導者コバド・ガンディー〔CPI（毛派）政治局員〕に自白剤など使わず、直接彼と話し合いをしたほうがいいのではないか。

このあと、コペンハーゲンの国連気候変動会議に行く人がいれば、唯一聞くに値する問いを投げかけてほしい。——山のボーキサイトをそのままにしていてはどうですか。

二〇〇九年十月

同志たちと歩く

封筒に入ったタイプ書きの簡潔なメモが、ドアの下からすべり入れられた。これで「インド国内の治安を脅かす最大の脅威」との約束がはっきりした。何カ月も待っていた返事だ。

わたしは二日のうち四度、チャッティースガル州ダンテワダのマー・ダンテシュワリ寺院にいなければならない。悪天候、パンク、路上封鎖、交通スト、それにまったくの不運を見据えてのことだ。メモにはこうある。「作家はカメラとココ椰子を持参し、ティラカ「ヒンドゥー教徒が額の中心に顔料で描く赤丸」をつけること。迎えは帽子をかぶり、ヒンディー語版『アウトルック』誌とバナナを持参する。相言葉はナマスカル・グルジ」。ごきげんよう《ナマスカル》、先生《グルジ》。迎えに来る人は、わたしが男と思っているのだろうか。口ひげをつけたほうがいいかしら。

*

ダンテワダを説明するにはいくつもの表現がある。まさに撞着語法。インドの中心に突き刺さった境界の町。戦争の震源地。さかさまで、表裏の町。

ダンテワダでは警察が平服を、ゲリラが制服を着用している。刑務所長が刑務所にいて、囚人は自由でいる（二年前に三百人が町の古い刑務所から脱獄したのだ）。強姦された女性たちは警察に拘留され、強姦犯はバザールで演説をしている。

インドラヴァティー川の向こう、毛沢東主義者の統制下にある地域は、警察が「パキスタン」と呼ぶ場所だ。村落はからっぽだが、森には人があふれている。学校に行くべき子どもたちは自由奔放でいる。うつくしい森の村で、コンクリートの校舎は爆破されて瓦礫の山になっている。そうでなければ警察に占拠されている。目下ジャングルで展開する苛烈な戦争は、インド政府の誇りでもあり、恥でもある。グリーンハント作戦は宣言され、否定されている。P・チダンバラム内務大臣（および戦争の最高責任者《CEO》）によれば、そんなものは存在しない、メディアのでっちあげだという。ところが作戦には莫大な予算が割かれ、何万もの兵士が動員されている。戦争の舞台はインド中央部のジャングルだとしても、わたしたちみなが深刻な影響を受けることになる。

存在しなくなった人や物の魂が残存し続ける状態を亡霊と言うのなら、国営鉱物開発会社が新たに建設した森を貫通する四車線道路は、亡霊とは正反対のものだろう。おそらく、これから起こる事態の前触れとなるものだ。

森で衝突している勢力は、あらゆる点でまったく異なり対等ではない。片や、金、高い火力、メディア、新興大国の奢りで武装した巨大な準軍事組織。片や、伝統的な武器を手にしたごく普通の村人。類いまれな激しい武力闘争の歴史を持ち、見事に組織された、士気の高い毛沢東主義ゲリラ

ダンダカランヤ，インド中央部，2010 年。
インドラヴァティー川の向こう，
毛沢東主義者の統制下にある地域は，
警察が「パキスタン」と呼ぶ場所だ。
村落はからっぽだが，
森には人があふれている。

眠っている同志。
ここには慎ましいうつくしさがある。
すべてが清潔で必要なもの。整然としている。
黒い雌鶏が低い土壁をせわしなく昇降している。
竹の格子は草ぶき屋根の垂木を固定し，収納棚としても機能する。
波型の段ボールがたたんで積み上げられている。
なにかが目に入った。
段ボールにはこう印刷されている。
アイディール社パワー90高エネルギー・エマルジョン爆薬。

軍の支援を受けている。毛派と準軍事組織は古くから敵対関係にあり、これまで何度も互いに姿を変えて交戦したことがある。五〇年代のテランガーナ地方、六〇年代後半から七〇年代の西ベンガル州、ビハール州、アーンドラ・プラデーシュ州のシュリーカクラム、ふたたび八〇年代から現在まで続く、アーンドラ・プラデーシュ州、ビハール州、マハーラーシュトラ州。互いの戦術を熟知しており、互いの戦闘マニュアルを研究しつくしている。そのたびに、毛派(かつてのさまざまな化身)は敗北するどころか、文字どおり物理的に壊滅したように見えた。しかしそのたびに、これまで以上に組織化され、決然と、影響力を増してよみがえった。現在、武装闘争は、豊かな鉱物資源が眠るチャッティースガル州、ジャールカンド州、オリッサ州、西ベンガル州の森林地帯に広がっている。何百万ものインド先住民のふるさと、ビジネス界にとっては夢の国である。

リベラル派の良心にとって、森で起こっている戦争を、インド政府と毛沢東主義派——選挙を茶番と言い、国会を豚小屋と呼び、国家転覆の意図を公言している勢力——の戦争と考えるほうが楽だ。それに、インド中央部の先住民には、毛沢東の何世紀も前から闘争の歴史があることを忘却すると都合がいい(もちろんこれは自明のことだ。戦わなければ、かれらは今ごろ存在していない)。ホー、オラオン、コル、サンタール、ムンダ、ゴンドはイギリスに対して、ザミンダール〔地主〕に対して、金貸しに対してなんども抵抗してきた。反乱は惨たらしく鎮圧され、何千もの人が殺された。しかし人びとは、決して屈服することはなかった。インドの独立後でさえ、西ベンガル州、ナクサルバリの村(「ナクサライト」という表現はそこに由来し、今では「毛沢東主義者」と互換的に用いられる）で起こった、毛沢東主義と言える最初の蜂起の中心にいた。その時以来、ナクサライトの政治は先住民の反乱と分かちがたく結びついており、ナクサライト同様、先住民についても多くを物語っている。

こうした抵抗の遺産は、インド政府によって故意に孤立させられ、周縁に追いやられた怒れる人びとを後に残した。インドの民主主義の倫理的支柱であるインド憲法は、一九五〇年に施行された。この日は、先住民にとって悲劇的な日となる。憲法は植民地政策を承認して、先住民地域を国家の管理下に置くことを定めたのである。突然、先住民はみな自らの土地で不法定住者となってしまった。林産物を利用する自由が剝奪され、生活がまるごと違法になった。選挙権と引き換えに、生活と尊厳を守る権利を奪い去られてしまったのだ。

人びとからすべてをむしり取り、貧困の下降スパイラルに押しやったのちに、政府は残酷な手口でかれらの貧しさを逆手にとって利用し始めた。ダム、灌漑計画、鉱山のために、巨大な人口を強制移動させる必要があると、決まって「先住民を主流に引き入れる」、先住民に「近代の発展の成果」を分け与えるなどと言った。数千万もの国内避難民（巨大ダム建設だけで三千万人以上）、つまりインドの「進歩」がもたらした難民のうち、大多数が先住民である。政府が先住民の福利などと語り出すと、気を付けなければいけない。

最新の懸念の声は、内務大臣のP・チダンバラムによる、先住民が「博物館文化」のなかに暮らすのを見ていられない、というものだ。とはいえ、かつて彼が主要鉱山会社数社の顧問弁護を引き受けていた時には、先住民の福利はさほどの優先事項ではなかったらしい。新しい懸念の理由を調べてみるのもいいかもしれない。

ここ五年ほどで、チャッティースガル、ジャールカンド、オリッサ、西ベンガルの州政府は複数の企業と何百もの覚書を締結した。何十億ルピーに相当し、すべて内密の、鉄鋼工場、海綿鉄工場、発電所、アルミニウム精錬所、ダム、鉱山に関する覚書だ。覚書を本物の金に変えるには、先住民を移動させなければならない。

だからこの戦争が起こっている。

民主主義を自称する国家が国境内部で公然と宣戦布告すると、その戦争はどんなふうに見えるだろう。抵抗に勝ち目はあるのだろうか。そもそも、勝ち目がないといけないのだろうか。毛沢東主義者とはだれなのか。単なる暴力的なニヒリスト、時代遅れのイデオロギーを先住民に押し付けて、無益な反乱に駆り立てているのだろうか。過去の経験からどういう教訓を得たのだろう。武装闘争は本質的に非民主的なのか。サンドイッチ理論――「一般の」先住民が国家と毛派の板ばさみになること――は正しいのか。よく言われるように、「毛沢東主義者」と「先住民」はまったく異なる二つのカテゴリーなのだろうか。かれらの利害は合致するのだろうか。互いに学んできたのだろうか。影響を与え合ってきたのだろうか。

＊

出発の前日、眠そうな母から電話があった。「考えていたのだけど」。母親の奇妙な直観で言った。「この国に必要なのは革命ね」。

あるインターネットの記事によれば、イスラエルのモサドがインドの警察高官三十名の標的暗殺訓練に携わっているとのこと。毛派を「頭なし」の組織にするためということらしい(1)。メディアでは、イスラエルから購入した新型兵器が話題にのぼっている。米軍に大人気のレーザー照準機、赤外線暗視装置、無人爆撃機。貧しい者に対して使うには、うってつけの兵器だ。

＊

ライプルからダンテワダに行くには車で十時間ほど。「毛派蔓延」地域をとおりぬける。不用意な言い方をしているのではない。「蔓延する／蔓延」は「病気／害虫」をほのめかしている。病気は治療しなければならない。害虫は駆除しなければならない。毛派は一掃しなければならない。こんなふうに無害を装って、少しずつ、わたしたちの言葉づかいに大量殺戮の表現が忍び寄る。

治安部隊が幹線道路を守るため、両脇に細くのびる森林部の「治安を確保」していた。そのずっと奥に分け入ると、「ダーダー・ログ」の統制地域だ〔ダーダー・ログは「ならず者」の意。外部からのレッテルを用いている〕。きょうだい、同志たちがそこにいる。

「国境」の村の家。
壁に書かれたメッセージ。
貧困線以下（ＢＰＬ）の世帯にはつきものだ。
「わたしは貧しい／１キロ２ルピーの米を食べている」，
そして家族の名前。

村の民兵。
この子たちには戦争が最優先ではないようだ。
かれらは一日の作業を終えたところだった。
ヤギが畑に入ってこないように,
数軒の家の周囲にフェンスを張り巡らせる手伝いをした。
かれらの役割は四つか五つの村を巡回して守り，畑仕事を手伝ったり,
井戸掃除をしたり，家の修理をしたり,
と頼まれたら何でもすることだ。

ライプルの周辺では、ヴェーダーンタ（かつて内務大臣が仕事で関わっていた会社）癌病院の巨大な広告板が掲げられている。オリッサ州では、ヴェーダーンタはボーキサイト採掘を行い、大学に出資している。こんなふうに無害を装って、少しずつ、鉱山会社はわたしたちの想像力に忍び寄る。真に責任ある寛大な大企業として。CSR、企業の社会的責任と呼ばれるものだ。こうして鉱山会社は伝説の俳優、かつてのアーンドラ・プラデーシュ州首相N・T・ラーマ・ラーオのごとく振る舞うことができる——彼は同じ映画のなかで善人も悪漢も、テルグ神話のあらゆる役をぜんぶ演じるのを好んだ。CSRはインドの鉱業部門の根幹にある非道な経済活動を覆い隠している。カルナータカ州に関する最近のロークアユクタ〔汚職・不正を監視する組織〕報告によれば、民間企業が採掘する鉄鋼石一トンにつき、政府には二十七ルピーのロイヤリティがわたり、鉱山会社は五千ルピーを得る。(2) ボーキサイト・アルミニウム部門ではこの数字がさらに酷い。まさに、白昼堂々と何十億ルピーもが盗まれているのだ。選挙、州政府、裁判官、新聞、テレビ局、NGO、援助団体、なにもかも買収するには十分な額。癌病院をそこかしこに点々と建てたところで、どうってことない。

チャッティースガル州政府が締結した長大な覚書のリストに、ヴェーダーンタの名があったかどうか思い出せない。でもわたしはひねくれ者だから、癌病院があれば、平らなボーキサイト鉱山がどこかにあるはずだと思ってしまう。

わたしたちはカンケルを抜ける。対テロ・ジャングル戦訓練校で知られる場所だ。指揮を執るのはB・K・ポンワール准将、この戦争のルンペルシュティルツヒェン〔グリム童話の作品、同名の小人がわらを金に変える〕で、腐敗しただらしない警察官（わら）をジャングル特殊部隊（金）に変える任務を負っている。「ゲリラのようにゲリラと戦え」という訓練校の金言が岩に書かれている。男たちは、走り、滑降し、空挺ヘリコプターに飛び乗り、飛び降り、（どういうわけか）馬に乗り、蛇を食べ、ジャングルで暮らすことを学ぶ。[3] 准将は、野良犬を「テロリスト」と戦えるよう訓練することに大きな誇りをもっている。六週ごとに八百人の警察官が卒業する。同じような訓練校が、インドじゅうで二十ほど建設される予定だ。警察が徐々に軍隊へと変貌を遂げていく（カシュミールではその反対。軍隊が腐敗した行政警察に変わっている）。さかさまで、表裏。どちらにしても、敵は人民だ。

もう遅い。ジャグダルプルは眠りについた。ただ、あちこちでラーフル・ガンディー〔ラジーヴ・ガンディーの息子、下院議員〕の看板だけが、君も青年会議〔インド国民会議派青年部〕に入ろう、と呼びかけている。彼は最近バスタールに二度やって来たが、戦争のことはほとんどなにも言っていない。国民のプリンスにしてみれば、あまりに厄介な問題であるから、この時点で口出しすることなどできないのだろう。広報担当が断固として反対したに違いない。サルヴァ・ジュドム（浄化狩り）――強姦、殺人、村の焼き打ちを繰り返し、何十万もの村人を故郷から追いやっている、恐ろしい政府御用自警団――が国民会議派の州議員、マーヘンドラ・カルマに統率されているというのに、ラーフル・ガンディーのイメージは慎重に管理されているため、たいした問題にもなっていない。

マー・ダンテシュワリ寺院に到着した。約束の時間にはまだ早い（初日の初回の試み）。わたしはカメラと小さなココ椰子を持ち、赤い粉のティラカを額に付けていた。だれかに見られたら笑われそうだ。数分して少年が近付いてきた。帽子をかぶり、通学用のリュックを背負っている。爪には剝がれかけの赤いマニキュア。ヒンディー語版『アウトルック』もバナナも持っていない。「いっしょに来る人ですか」と聞いてきた。「ナマスカル・グルジ」も言わない。どう答えればいいのかわからない。少年はポケットから湿ったメモを取り出して、わたしに見せた。「アウトルックは見つからなかった」。

「バナナはどうしたの」

「食べちゃった」と彼。「おなかが減ってたんだ」。

この子こそまさしく治安の脅威だ。

彼のリュックには「チャーリー・ブラウン――並のうすのろじゃない」とある。名前はマングトゥと言った。すぐのちに知ることになるが、これから入っていくダンダカランヤの森では、じつに多くの人が複数の名前と流動的なアイデンティティを持っている。そう思うと、なんだかほっとさせられた。自分自身に縛られず、しばらくべつのだれかになれるなんて、すてきじゃない。

わたしたちは寺院からほんの数分歩いてバス停に行った。すでに込み合っている。ここからが素早い。バイクの男たちがふたり。言葉も交わさず、ちらっと視線を向けて理解し、体の重心を変え、エンジンをかける。どこに向かっているのかさっぱりわからない。警察署長の家を通り過ぎた。ここは前に来たので見覚えがある。署長は正直な人だ。「本当のことを言うとね、この問題はわたしら警察にも、軍にも手に負えんのです。こいつら先住民の問題は、欲得を知らないことだ。連中が欲深くならないと、われわれには見込みがない。ボスに言ったんですよ。軍を撤退させて、代わりに各世帯にテレビをくれてやったらどうかって。ぜんぶいっぺんに解決しますよ」。

すぐにわたしたちは町を抜けて行った。追手はない。わたしの時計では三時間にもおよぶ長旅だ。そして突然、なんにもない場所、両側に森が続く、空っぽの道路で止まった。マングトゥが降りたので、わたしもそうした。二台のバイクは走り去った。わたしはリュックをとり、幼い治安の脅威に続いて森へ入って行った。いい天気。森の地面は黄金のカーペットのよう。

やがて広く平坦な川が見え、白い砂の河岸に出た。明らかにモンスーンの影響でほぼ平らな砂地になっていて、真ん中に流れる足首くらいの深さの小川は、容易に歩いて渡ることができる。向こう岸が「パキスタン」だ。

「ほら、あそこでうちの連中《ボーイ》が射殺するんですよ」。正直者の警察署長はそう言ったのだった。川を渡り始めてから、その会話を思い出した。わたしたちは警察の構える銃の射程内にいる。風景のなかの小さな人影となって、簡単に狙い撃ちされてしまう。だが、マングトゥはまったく無頓着なようすでいたので、わたしもそれにならった。

向こう岸でわたしたちを待っていたのは、「ホーリックス！」というロゴ入りのライムグリーンのシャツを着たチャンドゥだ。少し年上の治安の脅威。二十歳くらいだろうか。すぐに笑みを浮かべて、党が用意してくれた自転車、沸かした水の入った燃料缶、大量のグルコースビスケットの包みをくれた。わたしたちはひと息ついて、また歩き始めた。すぐに自転車は勘違いだとわかる。どうやっても自転車には乗れないような道なのだ。険しい丘を登り、かなり不安定な岩棚に沿って、でこぼこ道を這うように降りた。チャンドゥは自転車を押せないとなると、なんのことはないというように、軽々と頭上に担ぎあげて運んだ。わたしは彼の物思いにふけったようす、村の少年らしい雰囲気を見て、あれこれ勘ぐり出した。（ずっと後になって）チャンドゥがあらゆる兵器を使いこなせると知る。「軽機関銃以外ならね」と快活に話してくれた。

ターバンに花を飾ったハンサムな酔っ払い男たちが三人、道が分かれるまで、半時間ほどわたしたちと一緒に歩いた。日が沈むころ、かれらの肩にかかった袋から鳴き声がし始めた。なかには、市場に持って行ったが、売れ残ってしまった雄鶏が入っていた。

チャンドゥは暗闇でも目が利くようだ。わたしには懐中電灯が要る。コオロギが鳴き始め、まもなくオーケストラのように響きわたり、わたしたちの頭上に音のドームができる。夜空を見たくてたまらないけれど、その余裕もない。地面に注意しないといけない。一歩ずつ踏み出す。集中しなければ。

犬の吠える声が聞こえる。でも、どれほど離れているかわからない。地面が平坦になったので、こっそり空を見上げてみる。なんとも見事でうっとりする。早く休みたい。「もうすぐだから」とチャンドゥ。結局、それから一時間以上もかかった。巨大な木々のシルエットが見える。やっと着いた。

村は広々としていて、それぞれの家の間隔がずいぶんあるように見える。わたしたちがお邪魔したのは、きれいな家だった。炉があり、周りに人が座っている。屋外の暗闇には、もっとたくさん人がいる。でも何人いるかはわからない。人がやっと見える感じ。ささやき声が走る。ラール・サラーム、カームライド（赤の敬礼、同志）。わたしも「ラール・サラーム」と応じる。疲れたなんてものじゃない。この家の女性がわたしを中に呼び入れ、インゲン入りのチキンカレーと赤米を出してくれた。女性の赤ん坊はわたしの横で眠っている。彼女のシルバーのアンクレットが、炉の火できらめいている。

夕食後、寝袋を開いた。ビュッと大きな音が、突然静けさを切り裂くように奇妙に響く。だれかがラジオのスイッチを入れ、BBCヒンディー語放送をかける。英国国教会が、環境破壊とドングリア・コンドの権利侵害を理由に、ヴェーダーンタのニヤムギリ計画への出資をとりやめたらしい。牛の鈴の音、鼻を鳴らす音、足を引きずる音、家畜のおならが聞こえる。世界は万事順調。わたしはまぶたを閉じた。

五時に起床。六時には出発だ。数時間後にはもうひとつ川を越える。通り過ぎたどの村にも、タマリンド種の木があり、まるで慈悲深い巨大な神々が集まるように、村を見守っている。バスタールのかぐわしいタマリンド。十一時には日が高くなり、歩くのがつらくなる。昼食のため、とある村に立ち寄る。チャンドゥはここの家の人を知っているようだ。かわいい女の子が彼の気を引こうとしている。チャンドゥは少し恥ずかしがっている。たぶんわたしが側にいるからだろう。昼食は生パパイヤとレンズ豆のカレー、それに赤米。レッドチリパウダーを加えて。猛烈な日差しがやわらぐまで待ち、また歩き始める予定だ。あずまやで少し横になる。ここには慎ましいうつくしさがある。すべてが清潔で必要なもの。整然としている。黒い雌鶏が低い土壁をせわしなく昇降している。竹の格子は草ぶき屋根の垂木を固定し、収納棚としても機能する。草箒、ドラムが二つ、アシの編み籠、壊れた傘。波型の段ボールがたたんで積み上げられている。なにかが目に入った。眼鏡が必要だ。段ボールにはこう印刷されている。アイディール社パワー90高エネルギー・エマルジョン爆薬(クラス2)SD CAT ZZ。

二時ごろふたたび歩き出した。これから訪れる村では、この先の道を知っているディーディー(シスター、同志)〔一般に年上の女性への尊称〕に会う。チャンドゥはその道を知らない。つまり情報も秩序立っている。すべてを知る者はいないのだ。だが村に着いても、ディーディーはいなかった。彼女の消息はない。初めてチャンドゥの表情に、ほんの少し不安の影がよぎるのがわかった。わたしには大きな不安がよぎる。伝達システムがどのようなものかわからないけれど、手違いが生じたらどうなるのだろう。

わたしたちは村から少し離れた、人気のない校舎の前にやって来た。どうして村の公立学校はどれもコンクリートの要塞のようで、窓には鋼鉄のシャッターがつけられ、鋼鉄製のスライド式折りたたみドアなんかがあるのだろう。なぜ村の住居のように土壁と草ぶき屋根ではないのか。答えは、学校が兵舎と燃料庫を兼ねるからだ。「アブジマドの村では学校はこんな感じなんだ」とチャンドゥは言う。小枝を使って地面に建物の図面を描く。八角形が三つくっついて蜂の巣のようだ。「どの方向からも撃てるようにね」。説明のために矢を付け加える。まるでクリケットの図解、打者の車輪状分析図みたい。どの学校にも先生はいない、とチャンドゥ。先生はみんな逃げてしまった。追い出したの？　いいや、ぼくらが追い出すのは警察だけさ。でもどうして先生がここに、ジャングルに来るの？　なにもしないでも給料をもらえるのに？　いい質問だ。

チャンドゥはここが「新しい地域」だと教えてくれた。党が最近入ったばかりなのだ。

二十人ほどの若い男女がやって来た。歳は十代と二十代前半くらい。チャンドゥが言うには、村レベルの民兵で、毛派の軍事序列では最下層にあたる。こんな子たち、今まで見たことがない。サリーとルンギー〔腰布〕を身に付け、ぼろぼろになったカーキ色の戦闘服を着た子もいる。少年たちは宝飾や頭飾りをつけている。みんなバルマールと呼ばれる口装銃を手にしている。何人かはナイフや斧、弓矢を持ち、ひとりは重い亜鉛メッキパイプ三本を組み合わせて作った粗雑な迫撃砲をかついでいた。火薬と爆弾の破片がいっぱい詰められ、いつでも発射できるようになっている。猛烈な音がするけれど、一度しか使えない。それでも警察は怖がるんだよ、そう言ってかれらは笑う。この子たちには戦争が最優先ではないようだ。おそらくここがサルヴァ・ジュドムの活動範囲ではないからだろう。かれらは一日の作業を終えたところだった。ヤギが畑に入ってこないように、数軒の家の周囲にフェンスを張り巡らせる手伝いをしたのだ。みんな愉快で好奇心いっぱい。女の子

森の毛派の旗。
「インドを帝国主義の牧草地にするな。
中央政府にわれわれの票を求める権利はない。
われわれの富を売って財を成す大富豪に投票するな。
自立した革命的発展のために戦え。
ローク・サバー〔下院〕選挙をボイコットせよ」

長征。
わたしたちは一列になって進む。
わたし，
そして「無意味に暴力的」で血に飢えた反政府勢力百人。

たちは自信に満ち、男の子に遠慮がない。わたしはこういうことにセンサーがはたらくから、とても感心した。チャンドゥによれば、かれらの役割は四つか五つの村を巡回して守り、畑仕事を手伝ったり、井戸掃除をしたり、家の修理をしたり、と頼まれたら何でもすることだ。

まだディーディーは来ない。どうするの？　なにもしなくていい。ただ待とう。野菜の皮をむいて、刻むのを手伝っていればいい。

夕食後、ほとんど話さないまま、みな隊列を作った。また移動するのは明らかだ。米、野菜、鍋、ぜんぶ一緒に移動する。わたしたちは学校の敷地を離れ、一列で森のなかに入っていく。三十分もしないうちに林間地に着いた。物音ひとつしない静けさ。今夜はここで眠ることになる。数分すると全員が青いビニールシート〔ジッリー〕を広げた。あたり一面のジッリー（これがないと革命が起こらない）。チャンドゥとマングトゥはシェアして、わたしのために一枚広げてくれた。そして、一番いい灰色の岩の側に、一番いい場所を見つけてくれる。ディーディーに伝言を送ったよ、とチャンドゥは言う。受け取れば、明日の朝一番にここに来るだろう。受け取れば、ね。

長いあいだこんなにすてきな部屋で眠ったことがない。千星ホテルのわたしだけのスイートルーム。奇妙な武器を持った、風変りなうつくしい少年少女が、あたりで寝ている。みんな毛沢東主義者にちがいない。いずれ死んでしまうのだろうか。ジャングル戦訓練校はこの子たちを標的にしているのだろうか。武装ヘリコプター、赤外線暗視装置、レーザー照準機もこの子たちのため？

なぜこの子たちは死ななくてはならないのだろう。いったいなんのために？　ここをぜんぶ鉱山にしてしまうため？　以前、オリッサ州、ケオンジャルにある露天掘りの鉄鉱山を訪れたことを思い出す。かつてそこは森だった。そしてこういう子どもたちがいた。今、土地はむきだしの赤い傷のようだ。赤茶けた粉塵が鼻孔と肺に入り込む。水も赤い、空気も赤い、人びとも赤い。かれらの肺も髪も赤い。昼も夜もひっきりなしに、トラックが喧しい音をたてて村を通る。延々と、何千ものトラックが鉄鉱石をパラディプ港に運んでいる。そこからこんどは中国に向けて積み出される。中国ではそれが自動車と煙に変わり、即席の街が突然現れ出る。そして経済学者が息をのむような「成長率」に変わる。戦争を生む兵器に変わる。

一時間半交替の見張り以外は、みな眠っている。ついに星を見ることができる。子どものころ、ミーナチャル川のほとりで育ったわたしは、いつもたそがれ時に始まるコオロギの声を聞いて、星が回転速度をあげてきらきら光る準備をしていると考えた。ここにいるのがこんなにも気に入るなんて、驚きだ。世界のどこよりもこの場所にいたいくらい。さて今晩はだれになろう。輝く星のもと、ラーヘル同志にでもなろうか。たぶん、ディーディーは明日やって来るだろう。

かれらは午後早くに到着した。遠くからでも見える。十五人ほど、全員カーキ色の戦闘服を着て、こちらに向かって走っている。遠目にも、走り方で大物だとわかる。人民解放ゲリラ軍（ＰＬＧＡ）だ。赤外線暗視装置やレーザー照準銃は、まさにこの人たちを狙っている。ジャングル戦訓練校も、かれらのためにある。

かれらはＩＮＳＡＳ〔インド製の自動小銃〕やＳＬＲ〔自動装填ライフル〕といった、本格的なライフルを携帯している。うちふたりはAK47を持っている。この分隊のリーダーはマッダヴ同志。九歳の時から党にいる。アーンドラ・プラデーシュ州のワーランガル出身だ。マッダヴ同志は憤慨していて、とても申し訳なさそうにしている。普段なら「絶対に」起こらない、重大な伝達ミスがあった、と何度も繰り返した。わたしは初日の夜に、主要キャンプ地に到着することになっていたのだが、だれかがジャングルのリレーでバトンを落とした。バイクの受け渡しが、ぜんぜん違う場所で行われるはずだったのだ。「お待たせしたし、ものすごく歩かせてしまいました。あなたがここにいるという伝言を受け取り、ぼくらはずっと走って来たんです」。平気ですよ。待って、歩いて、話を聴くことを、覚悟してきましたから、とわたしは答えた。マッダヴ同志はすぐにでも出発したがっている。キャンプでみんなが心配して待っているから、と。

キャンプまでは徒歩で数時間。到着した時には、日が沈みかけていた。見張りが何重にもいて、同心円状に巡回している。二列に整列している同志たちは、百人ほどいるにちがいない。全員武器を持っている。そして、微笑んでいる。すると歌が始まった。*Lal lal salaam, lal lal salaam, aane vaaley saathiyon ko lal lal salaam*（到着した同志たちに、赤の敬礼）。まるで川か森の花についての民謡みたいに、愛らしい歌。歌を歌って、挨拶と握手を交わし、拳をふりあげる。みんなが互いに挨拶して、小声でつぶやく。*Lalslaam, mlalslaa mlalslaam……*

十五フィート四方ほどの地面に、大きな青いジッリーが広げられている。それ以外には、「キャンプ」とわかるものはなにもない。ここではジッリーの屋根もある。今夜のわたしの寝室だ。何日も歩いたことをねぎらってもらっているのか。この先試練が待ち受けているから、先に甘やかしてもらっているのか。その両方なのだろうか。いずれにせよ、屋根の下で眠れたのは、旅のあいだでこの時一回限りとなった。夕食の席で、ナルマダ同志に出会う。彼女はアーディヴァーシー革命女性組織（KAMS）を統括していて、首には懸賞金がかかっている。人民解放ゲリラ軍のサロージャ同志は、SLRライフルと同じくらいの背丈しかない。マーシ（ゴンド語で「黒い少女」）同志の首にも懸賞金がかかっている。ルーピ同志はハイテクの達人。ラジュ同志はわたしが通過した地区の責任者だ。ヴェヌ同志（ムラーリー、ソヌ、スシール、好きなように呼んでいい）は明らかに最年長。たぶん中央委員会、それとも政治局の所属かもしれない。教えてくれないし、聞くこともない。ゴンド語、ハルバ語、テルグ語、パンジャーブ語、マラヤーラム語の話者がいる。マーシ同志だけが英語を話す（だから結局、わたしたちはヒンディー語で会話をする！）。マーシ同志は、背が高くもの静かで、会話に入るには相当苦労しないといけないようだ。でもわたしを抱きしめるようすで、本を読む人だということがわかった。ジャングルで本を読みたいと思っていることも。マーシ同志はあとでようやく自分のことを語ってくれた。わたしに悲しみを打ち明けてくれた時に。

このジャングルではよくあることだが、悪い知らせが届く。使いが「ビスケット」を持って来た。何枚もの紙に手書きされて、小さな四角形に折りたたまれ、ホッチキスで留められている。それが袋いっぱいに詰められている。まるでポテトチップのよう。あらゆる場所からのニュース。オングナール村で警察が五人を殺害した。四人が民兵で、ひとりは一般の村人だった。サントゥ・ポッタイ（25）、プールー・ヴァッデ（22）、カンデー・ポッタイ（22）、ラモリ・ヴァッデ（20）、ダルサイ・コラム（22）。昨晩の星がきらめく宿にいた子たちの可能性だってある。

嬉しい知らせも来る。太った青年とともに、小さな一団が到着した。青年も戦闘服を着用しているが、まっさらに見える。みんなが戦闘服を褒めて意見を言う。照れくさそうにしているが、まんざらでもないようだ。彼は森の同志たちとともに暮らし、働くために来た医師。最後にダンダカランヤに医師が来たのは、何年も前のことだった。

ラジオでは、内務大臣と「左翼過激主義」に影響を受けた州の首相たちとの会談が報道されている。ジャールカンドとビハールは慎み深く、会議には出席していない。ラジオの周りに座っているだれもが笑った。かれらの話では、選挙のころになると、選挙戦から組閣後一、二カ月ほどのあいだ、主流の政治家たちは口をそろえて、「毛派はわれわれの子どもたち」なんて言うらしい。こういう政治家たちが心変わりして牙をむくスケジュールには、たやすく時計の針を合わせられる。

わたしはカムラ同志に紹介された。カムラを起こさないのなら、ジッリーから五フィートすら離れてはいけない、と注意を受ける。暗闇ではだれもが方向感覚を失い、冗談抜きに迷ってしまうからだ（ちなみにわたしは彼女を起こすこともなく、ぐっすり眠った）。朝になると、カムラは片方の角が切り取られた黄色のポリエチレンの袋をくれた。かつてはアビス・ゴールド精製大豆油が入っていた。今ではわたしのトイレ容器になる。革命の途上では、どんなものも無駄にしてはいけないのだ。

(わたしは今でもずっと、毎日、カムラ同志のことを考える。彼女は十七歳。手製のピストルを腰に装着している。ああ、あの笑顔ときたら。でも警察が彼女を見つけたら、必ず殺されてしまう。まず強姦するかもしれない。尋問すらないだろう。だって「国内の治安の脅威」なのだから。)

朝食後、ヴェヌ(スシール、ソヌ、ムラーリー)同志が、どこからどう見てもひ弱な村の教師みたいに、ジッリーに足を組んで座り、わたしを待っていた。わたしは歴史の授業を受けることになっている。いや、正確に言えば、現在巻き起こっている戦争に終わる、ダンダカランヤの森の過去三十年の歴史について授業を受ける。確かに、それは偏った見方だ。とはいえ、偏った視点から

使いが「ビスケット」を持って来る。
何枚もの紙に手書きされて,
小さな四角形に折りたたまれ,
ホッチキスで留められている。
あらゆる場所からのニュース。
オングナール村で警察が5人を殺害した。

人民解放ゲリラ軍（ＰＬＧＡ）の同志。
ＰＬＧＡは2000年12月に正式に結成された。
完全に義勇軍で，だれも給料をもらっていない。
女性は幹部の45パーセントを占める。

キャンプ。
わたしは出発の前にキャンプを見渡した。
焚火の場所に灰が散見される以外，
ここでほぼ百人がキャンプをしていたという痕跡はなにも残っていない。
驚くべき軍隊だ。
こと消費に関しては，
どのガンディー主義者よりもガンディー主義だし，
どの気候変動の伝道師よりも二酸化炭素を排出しない。

語られない歴史なんて、あるのだろうか。いずれにせよ、反論され、議論されるためにも、埋もれた歴史は明らかにされる必要がある。今起きているように、ただ嘘で塗り固められるのではなく。

ヴェヌ同志は、安心させるような落ち着いた物腰と穏やかな声をしている。このの
ち、わたしがすっかり取り乱してしまう状況で、それがはっきりと浮かび上がる。彼は今朝、何時間もほぼ休みなく話をしている。小さな商店の主のごとく、大きな鍵の束を持って、迷路に分け入り、物語や歌や見識がぎっしり詰まった戸棚を開けていく。

ヴェヌ同志は三十年前、一九八〇年六月に、アーンドラ・プラデーシュからゴーダーヴァリー川を越え、ダンダカランヤの森（党用語ではDK）に入った七つの武装分隊のなかにいた。最初の開拓者のひとりだ。かれらは人民戦争グループ（PWG）、つまり、本来のナクサライトであるインド共産党（マルクス＝レーニン主義派）（CPI（ML））の分派に属していた。同年四月、PWGはコンダパッリ・シータラーマイヤのもと、独立した党であることを公式に宣言した。PWGは独自の常備軍を作ることを決定し、その根拠地を求めた。根拠地にDKが選ばれ、土地の予備調査を行ってゲリラ活動地帯を築くために、最初の分隊が送り込まれた。共産党が常備軍を持つべきかどうか、「人民軍」というのは語義矛盾ではないのか、という議論は古くからある。PWGが軍を持つ決定を下したのは、アーンドラ・プラデーシュの経験から来ている。「耕作者に土地を」運動が地主と直接の衝突を招き、結果、警察の弾圧が起こった。党は訓練を受けた兵力なしにはこうした弾圧に抵抗できない、と考えたのだ。

二〇〇四年までに、PWGは他のCPI（ML）分派である、統一派（PU）や毛沢東主義共産主義センター（MCC）――かれらは、ほとんどビハールとジャールカンドの外で活動している――と合流し、現在のインド共産党（毛沢東主義派）を結成する。

＊

ダンダカランヤは、かつてイギリス人が、おなじみの白人男性のやり方で、ゴンドワナ、つまりゴンド人の土地と呼んだ地域にある。現在はマディヤ・プラデーシュ、チャッティースガル、オリッサ、アーンドラ・プラデーシュ、マハーラーシュトラの州境が森を横切っている。厄介な人びとを別の行政単位に分割する、昔ながらの手口だ。だが、ゴンド人、毛沢東主義者、毛沢東主義者のゴンド人は、こんな州境のようなものに目もくれない。かれらの頭には別の地図が広がり、森の生物と同様に独自の道が存在する。かれらにとって、道路は歩くためのものではない。ただ横断するもの、あるいは、現状ではますますそうなっているが、待ち伏せ攻撃に使うものである。ゴンド人（コヤ人とドルラ人に区別される）は最大の多数派であるが、他の先住民の共同体も点在している。非アーディヴァーシーの共同体、商人や開拓民も、道路や市場に近い森の縁で暮らしている。

ダンダカランヤに来た最初の伝道師は、PWGではない。一九七五年、ワロラでは、著名なガンディー主義者バーバー・アムテがアーシュラムとハンセン氏病療養院を開いた(4)。ラーマクリシュナ・ミッションとガヤトリ協会も、アブジマドの森の奥で学校を創設した。バスタール北部では、バーバー・ビハーリー・ダースが「先住民をヒンドゥーに連れ戻す」暴力的な運動を始めていた。これには、先住民の文化を貶めて、自己嫌悪を引き起こし、ヒンドゥーからのすばらしい贈り物――カースト――を与えるというような活動も含まれていた。最初に帰依した村の有力者や大地主、サルヴァ・ジュドムの生みの親、マーヘンドラ・カルマなどは、ドヴィジャ〔再生族〕〔四つのヴァルナ〔ヒンドゥーの身分制度〕のうちバラモン、クシャトリア、ヴァイシャの三つを指す〕のうち、バラモンの地位を与えられた（もちろん、これはちょっとしたぺてんだ。だれもバラモンになることなどできない。できるのだったら、今ごろこの国はバラモンだらけだ）。この偽ヒンドゥー教は、村の市場で売られているビスケット、石鹸、マッチ、石油、あらゆる偽商品と同じで、先住民には十分だと思われている。ヒンドゥトヴァ〔ヒンドゥーナショナリズムの中心概念〕の動向で、土地登記上の村名が変えられてしまったため、ほとんどの村では民衆と政府が用いる二つの名が存在する。たとえば、インナル村はチンナリ村になった。有権者名簿では先住民の名前がヒンドゥーの名に変えられた（マッサ・カルマがマーヘンドラ・カルマというように）。進んでヒンドゥーにならなかった人たちは、「カトヴァ」（「不可触民」の意味）と呼ばれ、のち、当然のごとく毛派の支持者となった。

ＰＷＧはまずバスタール南部とガドチロリで活動を始めた。ヴェヌ同志は最初の数カ月の経験を詳しく説明する。どんなふうに村人が自分たちを怪しんで、家に入れてくれなかったか。だれも食べ物も水もくれなかった。警察は、かれらが泥棒だという噂を広めた。女たちは薪ストーブの灰のなかに宝飾を隠した。そして、すさまじい弾圧が起こる。一九八〇年十一月、ガドチロリの村の集会で警察が発砲し、分隊メンバーのペッディ・シャンカルが殺された。彼はDKで党の最初の「殉教者」となる。これがトラウマ的な敗北となり、同志たちはゴーダーヴァリー川を引き返し、アディラーバードに撤退した。

だが一九八一年には、ふたたびDKに戻る。こんどは先住民を組織して、テンドゥの葉（手巻きタバコに使われる）の値上げを求める運動を行った。当時、商人は五十枚の葉ひと束に対して三パイサ〔一パイサは百分の一ルピー〕しか支払わなかった。こういう政治行動にまったくなじみのない人びとを組織して、ストを先導するのはたいへんな仕事だ。結果的にストは成功して、価格がひと束六パイサと、二倍になった。しかし党にとって本当の成功とは、団結の大切さと新しい政治交渉の方法を示せたことだった。現在では、ストと抗議活動が繰り返されて、テンドゥの葉ひと束は一ルピーになった（この価格を見ると信じられないかもしれないが、テンドゥ・ビジネスの収益は何億ルピーにもなる）。政府は毎シーズン競争入札にかけて、請負業者に固定した収穫量の許可を出す。これがたいていマナク・ボラという規定の袋で、千五百から五千ほど。一マナク・ボラはおよそ千束になる（もちろん、請負業者が実際の規定以上収穫しないようにする手立てはない）。そして市場にたどりつくころには、キロ単位で売られる。束をマナク・ボラへと、マナク・ボラをキロへと変換する、狡猾な勘定といんちきな計量システムは請負業者が統括しているため、最悪のたぐいのごまかしがいくらでもできる。もっとも控えめな見積もりでさえ、規定のひと袋あたり約千百ルピーの利益になる（党にひと袋あたり百二十ルピーの「税金」が支払われた後の額）。この目安でいっても、小規模の請負業者（千五百袋）はワンシーズンで百六十万ルピー、大規模の請負業者（五千袋）であれば五百五十万ルピーもの利益をあげられる。もっと現実的な見積もりでは、この額の何倍にものぼる。一方、現場で労働を担う人たちは、来シーズンまで生きるのにやっとの稼ぎしか得られない。

笑い声が聞こえて、年若い人民解放ゲリラ軍の同志、ニーレーシュが目に入り、わたしたちは話を中断した。調理場のほうへ足早に歩きながら、体をパチパチたたいている。彼が近付いてくると、葉についた赤蟻の巣を持っていて、怒った赤蟻が体じゅうを這い回り、腕や首を嚙んでいるのが見えた。ニーレーシュも笑っている。「蟻のチャツネを食べたことありますか？」ヴェヌ同志が聞いてきた。この赤蟻なら、ケーララの子ども時代からよく知ってるわ。嚙まれたことはあるけど、食べたことはないわね（実際にチャツネは美味だった。すっぱい味。大量の蟻酸によるものだ）。

ニーレーシュは、サルヴァ・ジュドムの活動の中心にある、ビジャプルの出身だ。弟はジュドゥムの無差別の略奪と焼き打ちに加わり、特別警察官（SPO）になった。バサグダキャンプに母親と暮らしているが、父親はそれを拒んで村に残っている。事実上、血を分けた家族間の争いだ。その後ニーレーシュと話す機会があり、なぜ弟がそんなことをしたのか聞いてみた。「若気の至りだよ。気ままに暴れて、人を傷つけ、家を焼き払うチャンスを手に入れた。狂ってしまって、とんでもないことをしでかした。それで今じゃ、どうしようもなくなっている。村には絶対に戻れないし、絶対に許されない。それがちゃんとわかってるさ」。

*

わたしたちは歴史の授業に戻る。ヴェヌ同志によれば、この次に党が行った大きな闘争はバラルプル製紙工場に対するものだ。政府は製紙工場の所有者であるタパール財閥に、十五万トンの竹を収穫する四十五年の契約を巨額の助成付きで与えていた（ボーキサイトに比べるとたいしたことはない。が、それでもやはり）。先住民は竹二十本の束、ひと束につき十パイサを得る（タパール財団の利益と比べるような、悪趣味な真似はしないでおく）。長期にわたる抗議とストを行い、続いて、人びとの立ち会いのもと製紙工場の役人と交渉した結果、ひと束あたり三十パイサ、つまり三倍の価格引き上げに成功した。先住民にとって、これは大きな達成だった。他の政党も約束はするが、決して約束を守る気配がうかがえない。人びとはPWGに近付いて、参加できるかと聞き始めた。

しかしテンドゥの葉、竹、その他林産物の政治は季節的なものである。ずっと残り続ける問題、人びとの生活上の悩みの種は、最大の地主である森林局だ。毎朝、村には悪夢のように、森林局の役人が——もっとも端くれの連中ですらも——やって来て、人びとが畑を耕し、家畜に草を食ませ、薪を集め、葉を摘み、実を採ることを、つまり生きること自体を妨害する。ゾウを連れて来て畑を荒らし、側を通る時には土壌を破壊するためにバブール〔アラビアガムの木〕の種子を捲く。人びとは殴られ、逮捕され、侮辱を受けて、作物は破壊された。もちろん森林局からすると、この人たちが不法定住して、憲法違反の活動をしているので、「法の支配」を実行しているだけである（女性たちを性的に搾取するのは、労苦を伴う任務の追加報酬というわけだ）。

人びとが闘争に加わったことに勇気づけられて、党は森林局に立ち向かう決意をする。党は森の土地を奪取し、耕作するよう後押しした。森林局はその報復に、森に新しくできた村を焼き払った。一九八六年には、ビジャプルの国立公園建設が発表されていた。これは六十の村の立ち退きが必要な計画である。党が来た時には、すでに半分以上の村が移動させられており、国立公園の施設の建設が始まっていた。しかし、党は建設工事をやめさせて、残りの村の強制移動を阻止することに成功した。さらに、森林局がこの地域に入って来られないようにした。何度か役人が村人たちに捕えられ、木に縛りつけられ、袋叩きにされた。何世代にもおよぶ搾取の恨みを晴らす仇打ち。最終的に森林局はこの地を去った。一九八六年から二〇〇〇年のあいだに、党は三十万エーカー（千二百十四平方キロ）の森の土地を再分配した。ヴェヌ同志は言う。今ではダンダカランヤに土地の無い農民はいない。

今の世代の若者にとって、森林局は遠い記憶、母親が子どもに聞かせるような物語、隷属と屈辱の神話的な過去になっている。古い世代には、森林局からの解放は真の解放だった。直接触れ、味わうことができた自由。インド独立などとは比べようもない大きな意味があった。人びとはともに闘った党のもとに結集し始めた。

七つの分隊は、実に大きな成長を遂げたのだった。その影響力は森の六万平方キロ、数千の村、数百万の人びとにおよんでいる。

　だが、森林局の撤退は警察の到来の前触れだった。ここから流血の連鎖が始まる。警察による偽「遭遇戦」〔遭遇戦とは、軍・警察による「容疑者」の超法規的殺害の婉曲語法。偽遭遇戦は、「容疑者」が拘留中など非武装であるにもかかわらず、「自衛」と偽って殺害すること〕、人民戦争グループの待ち伏せ攻撃。土地の再分配とともに他の責務も増えた。灌漑や農業生産力の問題、住民が増加して恣意的に森林地を切り開いてしまう問題。「大衆活動」と「軍事活動」を区別する決定が下された。

　現在、ダンダカランヤでは、ジャナタナ・サルカール（人民政府）という入念に作られた組織が統治している。組織の原則は中国革命とベトナムの民族解放闘争がもとになっている。それぞれのジャナタナ・サルカールは、合計すると五百から五千人の人口になる村群から選出される。そして、クリシ（農業）、ヴィアパル・ウディヨーグ（商業・産業）、アルティク（経済）、ニヤイ（司法）、ラクシャ（防衛）、ホスピタル（医療）、ジャン・サンパルク（広報）、スクール・リティー・リヴァージ（教育・文化）、ジャングル、という九つの省を持つ。複数のジャナタナ・サルカールは地域委員会のもと統合され、三つの地域委員会が集まり行政区を作る。ダンダカランヤにはこの行政区が十個ある。

　「今ではジャングル救済省もあるんですよ」とヴェヌ同志は言う。「毛派地域で森が拡大したという政府報告を読んだと思うけど」。

　ヴェヌ同志によれば、皮肉にも、党の反森林局キャンペーンでまず恩恵を得たのは、ムキヤ（村

ジャナタナ・サルカールの旗。
現在，ダンダカランヤでは，
ジャナタナ・サルカール（人民政府）という入念に作られた組織が統治している。
それぞれのジャナタナ・サルカールは，村群から選出される。
そして九つの省がある。
「今ではジャングル救済省もあるんですよ」
とヴェヌ同志は言う。

ジャナタナ・サルカールの畑を自慢するカムラ同志。
この「銃によるグラーム・スワラージ」という考えを，
「新しい」というにはまだ早い。
ここでは飢餓が絶えないし，病気も蔓延している。
とはいえ，新しいモデルの可能性が生まれているのは確かだ。
世界全体やアラスカやニューデリーのためではなく，
それにおそらくチャッティースガル全域のためでもない。
ただそれ自体のため。
ダンダカランヤのため。

長）——ドゥヴィジャの一団であったという。事は穏便に進められたものの、ムキヤたちは動員力と資金を使ってできる限り土地を掌握した。だが、人びとは党に——ヴェヌ同志の古風な言い方では——「内部矛盾」のことを語り出した。そこで党は先住民内部の平等、階級、不正義に目を向けるようになる。大地主は問題が生じる兆しを感じた。党の影響力が広がると、地主の力は衰えていく。問題が起きると、ムキヤではなく党を頼る人が増えていった。古くからある搾取の形態が問われ始めた。初雨の日に、人びとは昔から自分の土地ではなく、ムキヤの土地を耕作することになっていた。その習慣を終わらせた。それに、初収穫の日には、ムキヤに奉仕してきたマフアや林産物の収穫作業をやめてしまった。事を起こさないといけないのは明らかだった。

そこにマーヘンドラ・カルマが登場する。この地域最大の地主に数えられ、当時はインド共産党（CPI）の党員であった。一九九〇年、カルマはムキヤと地主を集めて、「民衆覚醒キャンペーン」という活動を始める。かれらの「民衆」を「覚醒」するやり方とは、およそ三百人の掃討チームを結成して、森を徹底的に洗い出し、殺戮を行い、家を焼き打ち、女性たちに乱暴することだ。当時のマディヤ・プラデーシュ州政府（チャッティースガル州が生まれる以前）は警察の援軍を送った。マハーラーシュトラ州でも、似たような「民主主義戦線」と言われる団体が襲撃を始める。人民戦争グループは本物の人民戦争戦術で迎え討ち、もっとも悪名高い地主数名を殺害した。数カ月で、民衆覚醒キャンペーン——ヴェヌ同志は「白色テロ」と呼ぶ——は衰退していった。一九九八年、すでに国民会議派の一員となっていたマーヘンドラ・カルマは、キャンペーンを復活させようとした。が、この時は以前よりも早く失敗に終わった。

そして二〇〇五年の夏、カルマに好機が訪れる。四月にチャッティースガル州のインド人民党（BJP）政府が二つの覚書を締結し、総合鉄鋼プラントの建設が決定された（条件は公表されていない）。ひとつはバイラーディラでエッサール製鋼との七百億ルピーの契約、もうひとつはロハンディグダでタータ―製鋼との千億ルピーの契約だ。マンモハン・シン首相が、今やおなじみのあの文句、毛派を「国内の治安を脅かす最大の脅威」と言ったのは、ちょうどこのころである[5]（当時の状況は正反対だったから、こんなことを言うのはおかしい。アーンドラ・プラデーシュ州の国民会議派政府は、毛派の裏をかいて壊滅させたところだった。毛派は千六百人の幹部を失い、大きな混乱に陥っていたのだ）。首相発言は鉱山会社の株価を上昇させた。そしてメディアには、追い回すと決めたら、だれにとっても毛派は格好の獲物である、という合図になった。二〇〇五年六月、マーヘンドラ・カルマはクトルー村のムキヤたちとの秘密会議を招集し、サルヴァ・ジュドム（浄化狩り）の結成を公表した。先住民の朴訥さとドヴィジャ／ナチ感情の見事なミックス。

民衆覚醒キャンペーンとは違い、サルヴァ・ジュドムは土地一掃作戦で、人びとを村から移動させて路傍のキャンプに入れ、監視・統制することが目的とされた。軍事用語では「戦略村」と呼ばれる。一九五〇年、イギリスがマラヤ共産党と戦っていた時に、ハロルド・ブリッグズ司令官が考案したものだ。「ブリッグズ計画」〔マラヤ共産党とその拠点の村を切り離すために行われた強制移住、ニューヴィレッジ政策〕はインド軍の大のお気に入りとなり、ナガランド、ミゾラム、テランガーナで実行されてきた。BJPのチャッティースガル州首相ラーマン・シンは、うちの政府では、収容所に移動しない村人をすべて毛派とみなす、と宣言した。バスタールでも同じで、家にいて、ごく普通の生活をしているごく普通の村人が、危険なテロ活動にふけっているとみなされるようになった。

スチール製のマグカップで紅茶を特別にごちそうしてもらい、イヤホンを手渡されると、MP3プレイヤーにスイッチが入った。当時のビジャプル警察署長、D・S・マンハールが無線連絡で部下に対して指示を出しているもようが、雑音混じりで録音されている。州政府と中央政府が、「ジャグリット」（覚醒した）村落と収容所への移動を同意した人びとに与える、利益や報酬のことが話されている。それから、「降伏」を拒否した村を焼き払い、ナクサライトを報道したがるジャーナリストはその場で撃ち殺すよう、はっきりと指示が出される（わたしはずっと前にこれを新聞で読んだことがある。この話が明るみに出た時に、噂によれば罰として――だれに対する罰かはっきりしないけれど――警察署長は州人権委員会に異動させられたとのことだった）。

サルヴァ・ジュドムは二〇〇五年六月、アンベリ村で行われたムキヤの会議で結成された。二〇〇五年の六月から十二月にかけて、ダンテワダ南部の何百という村で焼き打ち、殺人、強姦、略奪が繰り返される。この作戦の中心になったのは、バイラーディラ付近のビジャプルとバイラムガル地区、エッサール製鋼の新たな工場建設予定地だ。ここが毛派の拠点でもあるのは偶然ではない。この地域ではジャナタナ・サルカールが多くの活動を担い、特に集水農法システムの構築に大きく貢献した。ジャナタナ・サルカールは、サルヴァ・ジュドムに狙い撃ちされた。きわめて残酷なやり方で、数百人が殺害された。およそ六万人がキャンプに移動した。自発的に行った者もいれば、恐怖から移動した者もいた。このうち三千人が千五百ルピーの給料で特別警察官に任命された。

こんなはした金のために、ニーレーシュの弟のような若者が、有刺鉄線の柵のなかに閉じこもる終身刑を自らに課したのだ。かれらは残酷なことをしでかしたが、このおぞましい戦争の最悪の犠

サルヴァ・ジュドムのリーダー，
ドルナパル・キャンプ，
2009年。

牲者となる可能性だってある。サルヴァ・ジュドム解体を命じる最高裁判決が出たところで、かれらの運命は変えられない。

残りの何十万という人びとは政府の追手を逃れた(だが、六百四十四の村の開発資金は逃れられなかった。あの小さな宝の山はどうなるのだろう)。多くの者は唐辛子収穫の季節になると契約労働のために移住する、アーンドラ・プラデーシュとオリッサに逃れた。しかし何万もの人が森に逃れ、今でもとどまって屋根もなく暮らし、日中にだけ畑と家に戻って来る。

サルヴァ・ジュドムの余波で、警察署とキャンプがあちこちに出現した。あたり一面に警戒態勢を敷いて、毛派統制地域を「徐々に奪還」していくという算段である。予想では、これほど治安部隊が大規模に集中していると、いくら毛派でも攻撃してこないと思われた。毛派にとって、この状況を打開しなければ、これまで信頼を勝ち得て二十五年間ともに暮らし、活動してきた人びとを見捨てることになってしまう。だからかれらは、警察勢力の網の目の中心に何度も反撃を行った。

二〇〇六年一月二十六日、人民解放ゲリラ軍(PLGA)はガンガラウル警察キャンプを襲撃し、七人を殺害した。二〇〇六年七月十七日、エラボルのサルヴァ・ジュドムのキャンプを襲撃、二十人が殺害され、百五十人が負傷した(こんな記事を目にしたかもしれない。「毛派が州政府の設置した救援キャンプを襲撃。同キャンプは毛派のテロで村を追われた人びとに避難所を提供していた」)。二〇〇六年十二月十三日、バサグダ「救援」キャンプを襲撃、特別警察官三人と巡査一人を殺害。二〇〇七年三月十五日には、もっとも大胆な行動が起こされた。百二十人のPLGAゲリラが、ラーニー・ボッデリィ・カンニャ・アーシュラムという女子寮を襲った。ここは八十名のチャッティースガル警察（および特別警察官）の兵舎に変わっていたが、少女たちが人間の盾にされてまだ暮らしていた。PLGAは敷地内に入り、少女たちがいる離れを封鎖したうえで、兵舎を攻撃した。五十五人の警官と特別警察官が殺害された。少女たちは全員無事だった（ダンテワダの正直者の警察署長は、わたしにパワーポイントでぞっとするような写真を次々に見せた。爆破された校舎の残骸のなかに見え隠れする、焼け焦げ、内臓を抉られた警官の死体の数々。あまりに恐ろしいので、目をそらさずにはいられなかった。署長はわたしの反応を見て、ご満悦のようすだった）。ラーニー・ボッデリィへの襲撃は国内で激論を巻き起こした。人権団体は毛派の暴力だけでなく、教育上悪影響だと、学校への襲撃自体を非難した。しかしダンダカランヤでは、ラーニー・ボッデリィ攻撃は伝説となった。たくさんの歌や詩や劇が書かれた。

毛派の反撃は集中警戒態勢を破り、人びとに息つく間を与えた。警察とサルヴァ・ジュドムはキャンプに退いたが、今はまたそこから三百か千人規模の集団で——たいてい真夜中に——出動し、村で「包囲捜索」作戦を行っている。特別警察官とその家族を除いて、サルヴァ・ジュドムのキャンプにいた人びとは徐々に各々の村へ戻り始めた。毛派はこの人たちを温かく迎え入れ、特別警察官でも、公の場でこれまでの行為を心から反省すれば、戻ってくることができると告げた。若者たちはPLGAのもとに集まった（PLGAが公式に結成されたのは二〇〇〇年十二月である。それまでの三十年間で、武装部隊は徐々に大きくなって分隊となり、分隊が小隊、小隊が中隊にまで成長を遂げていた。しかしサルヴァ・ジュドムによる残虐行為があって、PLGAは突如、大隊の兵力をもつことができた。PLGAは完全に義勇軍で、だれも給料をもらっていない)。

今や知ってのとおり、サルヴァ・ジュドムは挫折しただけではない。まったく裏目に出てしまったのである。サルヴァ・ジュドムとは、取るに足らないごろつきによる地域限定の作戦などではない。メディアは曖昧に報道するだけだが、チャッティースガル州政府と現在の中央政府与党、国民会議派による共同作戦だったのだ。失敗は許されない。しょげた結婚志願者のように、あの覚書の数々が待機している時には、特に。政府は新しいプランを考案するよう途轍もない重圧に迫られていた。そこで、グリーンハント作戦を思いついた。今では、サルヴァ・ジュドムの特別警察官が、コヤ・コマンドと呼ばれる。作戦ではチャッティースガル陸軍、中央予備警察隊、国境治安部隊、インド・チベット国境警察、中央産業治安部隊、グレーハウンド、サソリ、コブラが投入される。そして愛情たっぷりに、「心をつかめ」と呼ばれる方針も。

重要な戦争は予想もつかない場所で戦われることが多い。自由市場資本主義は、アフガニスタンの荒涼たる山岳地帯でソビエト共産主義を打ち破った。ここダンテワダの森では、インドの本質をめぐる戦闘が巻き起こっている。民主主義の危機が深まっていること、そして大企業、メディア、主要政党、治安組織の共謀について、多くが語られてきた。手早く抜き打ち調査をしたい人がいれば、ダンテワダに行ってみるといい。

「州農業関係と土地改革の未完の課題(第一巻)草案」では、タータ製鋼とエッサール製鋼がサルヴァ・ジュドムの最初の資金提供元だったという指摘がある。これが政府の報告書だったため、メディアに公表されると動揺が走った（この事実はのちの最終報告から抜け落ちている。ただのミスなのか、だれかが総合鉄鋼からそっと肩をたたかれたのだろうか）[6]。

二〇〇九年十月十二日、ターター製鋼プラントの必須公聴会がロハンディグダで開かれ、地元の人が参加できる予定になっていた。しかし実際には、何マイルも離れたジャグダルプルの県局長事務所内の小さな会議室で、ものものしい警備により封鎖されるなか催された。五十人の先住民がサクラとして雇われ、政府のジープで護送されてきた。公聴会後、県長官は「ロハンディグダの住民」の協力を讃えた。地元地方紙はわかっていたにもかかわらず、嘘を報じた（広告が転がり込んだのだ）。村人たちが反対するなか、プロジェクト用の土地接収が始められた。

インド国家を打倒しようとしているのは、毛派だけではない。ヒンドゥー原理主義や経済全体主義によって、すでに何度も打倒されている。

ロハンディグダはダンテワダから車で五時間ほどの距離にあり、これまで毛派の活動地域ではなかった。だが、今はそうだ。わたしが蟻のチャツネを食べている時、横に座っていたジューリ同志がこの場所で活動している。彼女によれば、村の家の壁に *Naxali Ao, Hamein Bachao!*（ナクサライト、わたしたちを助けに来て！）という落書きが現れ始めたので、ここに入る決断をしたという。人民《ジャンパド》パンチャーヤト（パンチャーヤトは農村自治行政組織）の副長、ヴィマル・メシュラムが市場で銃殺された。「やつはターターの人間なの」とジューリは言う。「土地を明け渡して賠償金をもらうよう、みんなを無理強いしていたの。殺されて当然よ。もっとチャポリをいかが？」彼女は赤蟻をぽりぽり噛んでいる。「絶対にターターを寄せ付けない。だれもやつらを望んでないわ」。ジューリはPLGAではない。チェトナ・ナティヤ・マンチ（CNM）〔文化覚醒運動〕という党の文化部に属している。歌を歌い、作詞もしている。アブジマドの出身だ（ジューリはマッダヴ同志と結婚している。彼女の村にCNMの一団を引連れてマッダヴ同志がやって来た時、彼が歌っている姿に恋をしたのだ）。

　わたしはこの時点でなにか言わなければ、と感じた。暴力が無益なこと、即時処刑は容認できないこと。では代わりになにをすべき、と言えばいいのだろう。裁判所に行くこと？　ニューデリーのジャンタル・マンタル〔天文台前の広場、抗議行動の中心地〕で座り込み《ダールナ》でもしろと？　集会を開けって？　それとも、リレーハンスト？　ばかげた話。「他の選択肢はない」と、いともたやすく言ってのける「新経済政策」の推進者たちは、「新抵抗政策」を示してみるよう問われるべきだ。特定の森に暮らす、特定の人びとに対して、特定の方針を示すように。ここで。今すぐに。かれらはどの政党に投票すべきなのか。この国の、どの民主制度に訴えるべきなのか。ナルマダ救済運動《バチャオ・アンドラン》が、ナルマダ川巨大ダムに対して何年も何年も戦っていた時、ノックしないドアがあっただろうか。

＊

　あたりは暗い。キャンプではあちこちでさかんに活動が行われているが、わたしにはなにも見えない。ただライトの点が動き回っているだけ。動いているのが星なのか、ホタルなのか、毛派なのかはわからない。小さなマングトゥがどこからともなく現れた。わたしは、マングトゥが「青年共産主義移動学校」創設時の十人の子どもたちのなかにいたと知った。子どもたちはこの移動学校で読み書きを教わり、基本的な共産主義理念を身に付ける（「若者の思想強制だ！」と主流メディアは声高に叫ぶ。テレビコマーシャルを垂れ流して、物心がつく前の子どもたちを洗脳することが、ある種の思想強制とはみなされないのに）。幼い共産主義者は銃を持つことも、戦闘服を着用することも許されない。でもかれらはPLGA部隊の後をついて回る。ロックバンドの追っかけのように、目をきらきら輝かせて。

マングトゥはあれこれ優しく世話を焼いてくれる。水のボトルを補充してくれ、荷物をまとめるよう言ってくれた。口笛が鳴る。すると青いジッリーのテントは解体されて、ものの五分でたたまれた。もう一度口笛が鳴り、百人の同志たちが全員整列する。五列に隊列を組む。責任者はラジュ同志だ。点呼がとられる。わたしも隊列に加わり、前にいるカムラ同志に急きたてられて、番号を叫んだ（二十まで数えてまた一から始める。ほとんどのアーディヴァーシーはそこまでしか数えない。かれらには二十でじゅうぶんなのだ。おそらく、わたしたちにだってじゅうぶんなはず）。チャンドゥは戦闘服に着替えて、ステン短機関銃を持っている。ラジュ同志は低い声で指示を出している。すべてゴンド語で話されているので、わたしにはさっぱりわからないのだが、RVという単語がずっと聞こえてくる。あとになってラジュが、「集合場所《ランデヴー》」だと教えてくれた！　今ではゴンド語になっている。「集合地点《RV》をあらかじめ決めておくんですよ。そうすると銃撃を受けてみん

休息。
ダンダカランヤの森では,
じつに多くの人が複数の名前と
流動的なアイデンティティを持っている。
そう思うと,なんだかほっとさせられた。
自分自身に縛られず,
しばらく別のだれかになれるなんて,
すてきじゃない?

物語を語る。
わたしはこの時点でなにか言わなければ，と感じた。
暴力が無益なこと，即時処刑は容認できないこと。
では代わりになにをすべき，と言えばいいのだろう。
裁判所に行くこと？
ニューデリーのジャンタル・マンタルで座り込みでもしろと？
かれらはどの政党に投票すべきなのか。
この国の，どの民主制度に訴えるべきなのか。

なばらばらになったとしても、どこで立て直せるかわかるからね」。それを聞いてわたしがどれほどパニックに陥ったか、たぶんラジュ同志にはわからない。銃撃が怖いのではない。はぐれることが恐ろしいのだ。わたしは極度の方向音痴で、寝室と浴室のあいだでも迷ってしまえるほどだから。六万平方キロもある森ではどうなってしまうのだろう。なにがなんでもラジュ同志のスカーフにしがみついていなければ。

出発の前、ヴェヌ同志がわたしのところにやって来た。「じゃあ同志。これでお別れです」。わたしは面食らう。ヴェヌ同志は毛糸の帽子をかぶってサンダルをはき、まるで小さな蚊のようだ。女性三人、男性三人の護衛に囲まれている。それに重武装している。「同志、ここまではるばる来ていただいて、心から感謝しています」と彼は言う。もう一度握手を交わし、拳を突きあげる。「ラール・サラーム、同志」。「鍵の番人」は森に消えて行く。そして瞬く間に、彼がここにいなかったとすら感じられる。少し気分が沈んだ。でも何時間にもおよぶ録音を聴くことができる。それに、これから時が経つと、またたくさんの人に出会い、かれらがヴェヌ同志の描いてくれた輪郭に、彩りやディテールを添えてくれるだろう。わたしたちは反対方向に進む。ラジュ同志は、イオデックス軟膏の臭いをぷんぷん漂わせ、うれしそうな笑みを浮かべて言う。「ひざがやられてしまった。痛み止めを大量に飲まないと歩けそうにないな」。

ラジュ同志は完璧なヒンディー語を操り、真面目くさった顔で、最高に面白い話をする。十八年のあいだライプルで弁護士をしていた。彼と妻のマルティはどちらも党員で、町のネットワークに入っていた。二〇〇七年の終わりに、ライプルのネットワークにかかわる重要人物が逮捕され、拷問を受け、あげく情報提供者にさせられた。覆面パトカーでライプルを連れまわされ、同志たちを指差すよう強要されたのだ。マルティ同志はそのなかにいた。二〇〇八年一月二十二日、彼女は他の数名とともに逮捕される。彼女の容疑のうち、サルヴァ・ジュドムによる残虐行為の証拠映像が収められたCDを、数名の国会議員に郵送したというものがある。この件では、事情聴取などほとんど行われない。警察も根拠が薄弱であるということがわかっているからだ。だが、新しく施行されたチャッティースガル特別治安法によって、警察は保釈を認めず、彼女を何年も拘禁することができた。ラジュ同志は言う。「なんと今では政府がチャッティースガル警察の大部隊を配備して、気の毒な国会議員を郵便物から守ってるんだ」。ラジュ同志は、ダンダカランヤで会議に出ていたため逮捕を免れた。以来彼はずっとここにいる。学校に通う子どもたちふたりは家に残され、警察からしつこく尋問を受けた。最終的に家は片づけられ、子どもたちは叔父のところで暮らすようになった。ラジュ同志はつい数週間前、初めて子どもたちの便りを聞いた。どうして彼はこんなに強いのだろう。辛辣なユーモアを発揮し続けられるのは、どうしてなのだろう。かれらがどんな困難に遭っても、進み続けられるのはなぜだろう。党に対する信念と希望――そして愛。わたしはそれをもっとも深く、もっとも個人的なかたちで、何度も何度も、目の当たりにする。

＊

わたしたちは一列になって進む。わたし、そして「無意味に暴力的」で血に飢えた反政府勢力百人。わたしは出発の前にキャンプを見渡した。焚火の場所に灰が散見される以外、ここでほぼ百人がキャンプをしていたという痕跡はなにも残っていない。驚くべき軍隊だ。こと消費に関しては、どのガンディー主義者よりもガンディー主義だし、どの気候変動の伝道師よりも二酸化炭素を排出しない。今では破壊活動にもガンディー主義的な方法がとられる。たとえば、警察車は焼く前に分解して、使える部品を全部取り外す。ハンドルはまっすぐに伸ばして、バルマールの銃身に、座席の合皮カバーは引きはがして弾薬入れに、バッテリーは太陽光充電に姿を変える（最高司令部からの新しい通達によれば、捕えた車両は火葬せずに、土葬せよとのことだ。そうすれば必要な時に復活させられる）。『ガンディーよ銃をとれ』なんて劇でも書くべきかしら。そんなことしたら、リンチされるかしら。

わたしたちは真っ暗闇のなかを、押し黙ったまま歩いている。懐中電灯を使っているのはわたしだけ。地面をしっかり照らして、まるい灯りのなかに、すり減った黒いサンダルをはいたカムラ同志の裸足の踵だけが見えるようにする。そうすれば、どこに足を置けばいいのか、ちゃんとわかる。カムラはわたしより十倍も重いものを運んでいる。リュックを背負い、ライフルをかつぎ、頭には食料の入った巨大な袋を載せ、大きな鍋のひとつを抱え、野菜の詰まった袋を両肩にかけている。

頭上の袋は完璧にバランスがとれていて、手を添えもせずに、斜面や滑りやすい岩の道をすばやく降りることができる。彼女は奇跡だ。道のりは長いとわかった。歴史の授業はありがたい。他のすべてから解放されて、まる一日足を休ませることができたから。

夜に森を歩くのは、最高にすてき。わたしは来る夜も来る夜も、歩き続けることになる。

破壊活動にもガンディー主義的な方法がとられる。
警察車は焼く前に分解する。ハンドルはまっすぐに伸ばして，バルマールの銃身に，座席の合皮カバーは引きはがして弾薬入れに（それにリュックにも）なる。

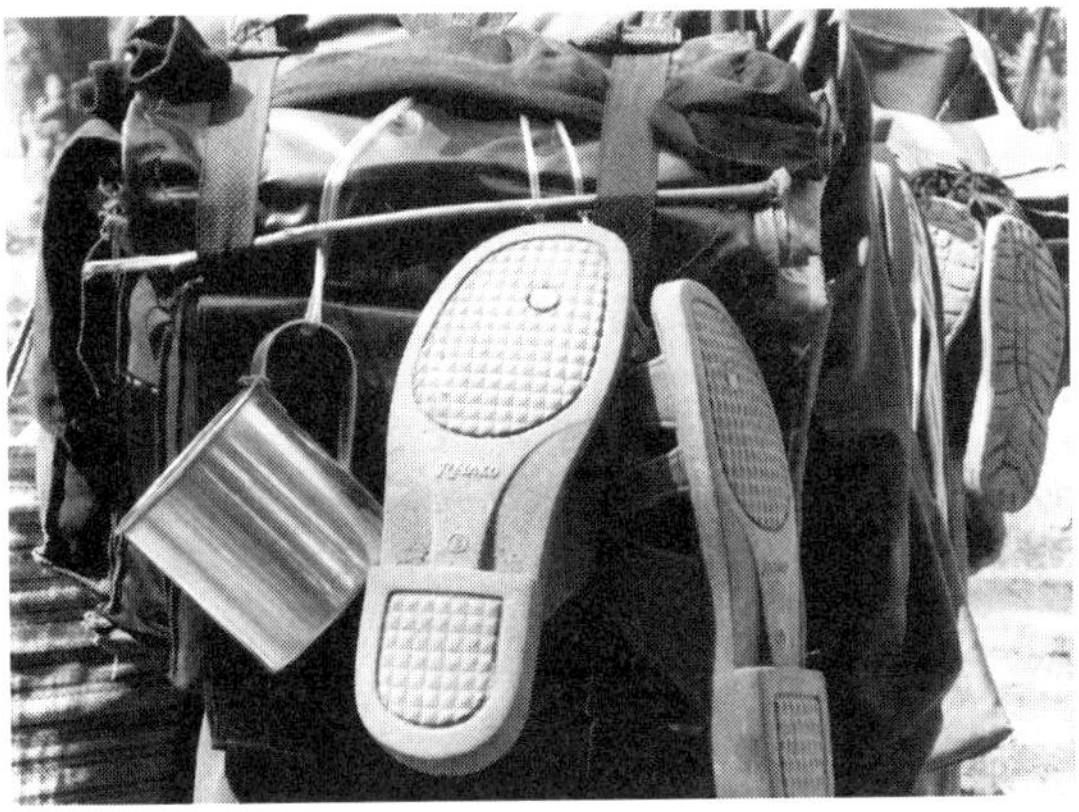

カムラはわたしより十倍も重いものを運んでいる。
リュックを背負い，ライフルをかつぎ，頭には食料の入った巨大な袋を載せ，大きな鍋のひとつを抱え，野菜の詰まった袋を両肩にかけている。

イン ド国家を打倒しようとしているのは，
毛派だけではない。
ヒンドゥー原理主義や経済全体主義によって，
すでに何度も打倒されている。

＊

わたしたちはこれから、一九一〇年に起こったコヤ人のイギリスに対する反乱、ブムカル蜂起の百周年記念祭に参加する。ラジュ同志によれば、「ブムカル」は地震を意味する。みんな一緒に何日も歩いて、記念祭にやって来るとのこと。ならば、森は移動している人でいっぱいのはず。DKの全地区で記念祭が開かれる。わたしたちは恵まれている。祭りの達人、レング同志が一緒だからだ。レングとはゴンド語で「声」を意味する。レング同志は長身の中年男性で、アーンドラ・プラデーシュ出身。みなに愛される、伝説的な歌手で詩人のガダルの同僚だ。ガダルは一九七二年に急進的な文化組織、ジャン・ナティヤ・マンチ（JNM）〔人民文化運動〕を作った。最終的にJNMは人民戦争グループの公式組織となり、アーンドラ・プラデーシュで何万もの聴衆を集めることができた。レングは一九七七年に加わり、独自に歌い手として名を挙げた。最悪の弾圧、「遭遇戦」虐殺の最中にアーンドラに住んでおり、友人たちはほぼ毎日次々に死んでいったという。彼自身もある夜、医師に扮した女性警察署長に病院のベッドから連れ出された。ワーランガルの外の森に連行されて、「遭遇攻撃」を受けた。しかし幸運にも、ガダルが知らせを受けて、なんとか警告を発することができた、とレング同志は言う。人民戦争グループが一九九八年にDKで文化組織を作る決定をした時、レング同志がチェトナ・ナティヤ・マンチ（CNM）を率いるために送り込まれた。そんなわけで、彼は今、わたしと一緒に歩いている。カーキ色のシャツに、なぜかピンクのウサギ模様が入った紫のズボンをはいている。「ＣＮＭには一万人のメンバーがいるんです」と語ってくれた。「ヒンディー語、ゴンド語、チャッティースガル語、ハルバ語で五百の歌がある。そのうち百四十の歌を載せて本を作りました。全員歌を書くんですよ」。初めて話した時、彼はとても厳粛で、ひとつのことを思いつめている人に見えた。でも数日後、まだあのズボンのまま、焚火を囲んで座っている時に、大成功を収めている主流のテルグ人映画監督（レングの友人）のことを話してくれた。この人は自作の映画でいつも毛派を演じている。「やつに聞いてみたんだ。どうして毛派はいつもこうなんだ、って」。レング同志はテルグ語訛りのうつくしいヒンディー語でそう言うと、身をかがめ、足を高く挙げて歩き、追い詰められた表情の男が、ＡＫ47を手に森から出てくるようすを巧みに風刺してみせ、わたしたちを大笑いさせた。

わたしはブムカル蜂起記念祭が待ち遠しいのかどうかわからない。毛派のプロパガンダでがちがちになった先住民の伝統ダンス、熱を帯びた雄弁な演説、うつろな目の従順な聴衆を見るのではないか、と不安なのだ。わたしたちはずいぶん夜遅くに会場に到着した。竹の骨組みに赤い布をくるんだ、仮設の記念碑が設置されている。毛沢東主義を掲げる党の鎌と鎚の上に、銀箔をほどこしたジャナタナ・サルカールの弓矢。適切な序列だ。舞台は大きく、これも仮設。頑丈な骨組みが分厚い土で塗り固められている。すでに小さな焚火が会場のそこかしこにあり、人びとは到着し始めて、夕食を作っている。暗闇のなかではシルエットだけになる。わたしたちは人のあいだを縫うようにして進み（ラール・サラーム、ラール・サラーム、ラール・サラーム）、ふたたび森に入るまで十五分ほど歩いた。

新しいキャンプ地でも整列しなければいけない。もう一度点呼がとられる。そして見張りの位置と「攻撃範囲」について指示がある。つまり警察の襲撃があった場合に、だれがどの範囲を請け負うのかという決定がなされるのだ。再度、RV地点が決められた。

先発隊は到着して、すでに夕食を作り終えていた。カムラから、道すがらもいでわたしのためにとっておいてくれた、野生のグアバをデザートにもらう。

夜が明けると、記念祭のためにどんどん人が集まって来る気配を感じる。興奮のざわめきが沸き立ってくる。長らく顔を見ていなかった人たちが再会する。マイクのテスト音が聞こえてくる。旗や横断幕が広げられ、ポスターが貼られ、旗飾りが吊るされる。わたしたちが着いた日に、オングナールで殺された五人の写真も飾られた。

わたしはナルマダ同志、マーシ同志、ルーピ同志とお茶を飲んでいる。ナルマダ同志はアーディヴァーシー革命女性組織のDK支部長になる前に、ガドチロリで長年活動していたことを話す。ルーピとマーシは、ともにアーンドラ・プラデーシュの都市活動家で、長年にわたる党内部の女性の闘いについて教えてくれた。ただ女たちの権利を求めるのではなく、男女の平等こそ公正な社会の夢には不可欠であると、党に理解させるための闘いだ。わたしたちは七〇年代について、ナクサライト運動内部の女性の話について語った。自分たちを偉大な革命家と考えても、あのいつもの家父長主義、いつもの男の優越感にとらわれた同志たちに女たちは幻滅した。マーシは言う。あれからはずいぶん変わったけれど、まだまだ先は長い、と（党の政治局にはまだ女性がいない。中央委員会にはアヌラーダー・ガンディーがいたが、昨年脳マラリアにかかって亡くなった。それにシーラというアーディヴァーシーの同志もいたが、今は獄中だ）。

正午ごろ別のPLGAの一団が到着する。統率しているのは長身でしなやか、少年のような顔立ちをした男性だ。この同志はスゥクデヴとグドサ・ウセンディという二つの名を持っているが、どちらも彼の名前ではない。スゥクデヴはみんなからとても愛された同志だったが、殉教してしまった（この戦争で、本名を名乗っても安全なのは死者だけだ）。グドサ・ウセンディはと言うと、多くの同志たちが、あらゆる折にグドサ・ウセンディを名乗っている（何カ月か前には、ラジュ同志がグドサ・ウセンディだった）。グドサ・ウセンディは、ダンダカランヤの党スポークスパーソンが持つ名前だ。だから、残りの旅路をスゥクデヴと過ごしたとしても、どうやったらまた彼に会えるのかわからない。ただ、彼の笑い声はどこにいても見分けがつくだろう。スゥクデヴが言うには、DKに来たのは八八年で、この時人民戦争グループ（PWG）は、軍の三分の一を北部テランガーナからDKに派遣することを決定した。彼は「ドレス」（毛派の「戦闘服」）の反対、「シヴィル」（ゴンド語で「平服《シヴィリアン・クローズ》」）をすてきに着こなしている。若手の重役としても通るかもしれない。彼にどうして戦闘服を着ていないのか聞いた。

ずっと移動していて、カンケル近くのケシュカル峠《ガーツ》から戻ったところでね、とスゥクデヴ。三百万トンのボーキサイト鉱床があって、ヴェーダーンタという会社が狙っていると言われてるんです。

大当たり。直観はぜったいに正しい。

スゥクデヴは人びとの意気込みを探りに行ったという。戦う準備ができているかどうか見きわめるために。「あの人たちは分隊を欲しがっている。それに銃も」。すると、頭をのけぞらせて大声で笑った。「ぼくは言ったんです。兄弟《バーイ》、そんな生易しいもんじゃないぞ、ってね」。話の端々から、そしてごく自然にＡＫ47を持っているようすから、彼もＰＬＧＡで地位が高く、実践派の人であることがわかった。

ジャングル郵便が到着。なんと、わたし宛ての「ビスケット」がある！　ヴェヌ同志からだ。何度も折りたたまれた小さな紙に、あとで送りますよ、と約束してくれた歌詞が書かれている。ナルマダ同志はそれを読んで微笑む。この話を知っているのだ。物語は八〇年代に遡る。人びとが党を信頼してさまざまな問題――ヴェヌ同志いわく、かれらの「内部矛盾」――を持ち寄り始めたころのこと。初めに来た一団のなかに、女性たちがいた。ある夜、焚火の側に座っている老女が立ち上がり、ダーダー・ログのために歌を歌った。彼女はマーディヤ人。マーディヤ人のあいだでは、女性が結婚後に上着をとり、胸をあらわにする慣習があった。

Jumper polo intor Dada, Dakoniley
Taane tasom intor Dada, Dakoniley
Bata papam kittom Dada, Dakoniley

Duniya kadile maata Dada, Dakoniley
わたしたちは服を着ちゃいけない、ダーダー
上着を脱がされるのよ、ダーダー
わたしたちがどんな罪を犯したというの、ダーダー
世界は変わったのでしょ、ダーダー

Aatum hatteke Dada, Dakoniley
Aada nanga dantom Dada, Dakoniley
Id pisval manni Dada, Dakoniley
Mava koyaturku vehat Dada, Dakoniley

なのに市場に行くには、ダーダー
はんぶん裸じゃないとだめ、ダーダー
こんな人生は望んでない、ダーダー
そうご先祖様に伝えてちょうだい、ダーダー

これが党の取り組んだ最初の女性の問題である。手術器具を使うように、繊細に取り組まなければならない事例だ。一九八六年に、党はアーディヴァーシー女性組織（AMS）を設立し、それがアーディヴァーシー革命女性組織（KAMS）へと成長を遂げた。今では九万人のメンバーを誇っている。インド最大規模の女性組織である可能性が高い（ちなみに、彼女たちは全員毛沢東主義者だ。九万人全員が。彼女たちも「消されて」しまうのだろうか。CNMの一万人のメンバーはどうなる？　同じく「消される」ことに？）。アーディヴァーシー革命女性組織は、強制結婚や誘拐といったアーディヴァーシーの慣習に対する撲滅キャンペーンを行っている。月経中の女性を村の外に連れていき、森の小屋に住まわせる慣習に対して。それに一夫二妻や家庭内暴力に対しても。すべての闘いに勝利したわけではない。とはいえ、どこのフェミニストだって、すべてに勝利するなんて無理な話だ。たとえば、ダンダカランヤで、女性は今日でも種撒きを許されていない。この慣習は不当で廃止すべきだ、と党の会議で男性たちは同意している。ところが実際には、男たちはただそれを許さない。それで、党は女性がジャナタナ・サルカールの共有地に種撒きができるよう決定を下した。女たちはこの共有地で種を撒き、野菜を育て、治水用小ダムを築く。全面勝利ではないが、部分的には勝利を収めたのだ。

バスタールで警察の弾圧が酷くなると、KAMSの女性たちは恐るべき勢力となり、何百、時に何千という規模で集結し、体を張って警察と対決した。KAMSが存在することで、従来の態度に大きな変化が生じ、古くからある女性差別の大半が軽減された。多くの若い女性にとって、党に入ること、特にPLGAの一員になることは、自分たちの社会の抑圧から逃れる道となった。KAMSで高い地位にあるスシーラ同志は、サルヴァ・ジュドムがKAMSの女性たちに憤激している、と話す。スシーラ同志によれば、サルヴァ・ジュドムのスローガンに、*"Hum do bibi layenge! Layenge!"*（俺たちは妻を二人娶るぞ！　ぜったいに二人娶るぞ！）というものがあるそうだ。KAMSのメンバーは、繰り返し強姦とおぞましい性器切除の標的になった。こうした残虐行為を目撃した若い女性たちが、PLGAに大挙し、今では女性が幹部の四五パーセントを占める。ナルマダ同志はその何人かを呼びにやり、しばらくして彼女たちはわたしたちの仲間に加わった。

リンキ同志の髪はとても短い。ゴンド語では「ボブカット」と言う。これはとても勇敢なことだ。つまり、ここで「ボブカット」とは「毛沢東主義者」を意味する。警察が即時処刑を正当化する根拠としては十分すぎるほどなのである。リンキ同志の故郷コルマ村は、二〇〇五年にナガ大隊とサルヴァ・ジュドムに攻撃された。当時リンキは村の民兵に加わっていた。彼女の友人、ルッキとスッキも民兵を務め、同じくKAMSのメンバーだった。ナガ大隊は村を焼き払った後、ルッキとスッキ、さらにもうひとりの少女を捕らえて、輪姦したあげく殺害した。「やつらは草原のうえで強姦したの」とリンキは語る。「でもその後、その草原は消えてしまったんです」。何年も経ち、ナガ大隊は去ったが、警察はまだやって来る。「あいつらは女や鶏が欲しくなるといつでも来るんです」。

アジーターもボブカットだ。ジュドムは彼女の村コルシールに襲来し、小川で三人を溺死させた。

1910年にブムカル蜂起を率いたグンダドゥル。
ラジュ同志によれば，
「ブムカル」は地震を意味する。
みんな一緒に何日も歩いて，
記念祭にやって来るとのこと。
ならば，森は移動している人でいっぱいのはず。
ダンダカランヤの全地区で記念祭が開かれる。

チェトナ・ナティヤ・マンチの俳優たち。

「CNM には一万人のメンバーがいるんです」

とチェトナ・ナティヤ・マンチのリーダー，
レング同志が語ってくれた。

「ヒンディー語，ゴンド語，チャッティースガル語，ハルバ語で 500 の歌がある。

そのうち 140 の歌を載せて本を作りました。

全員歌を書くんですよ」。

アジーターは民兵とともに、距離を置いてジュドムの後をつけ、パラル・ナル・トダクという村の近くまで行った。そこで六人の女性が強姦され、男性がひとり喉もとを撃たれるのを目撃した。

長く太いおさげ髪をしたラクシュミー同志は、故郷のジョジョル村でジュドムが家を三十軒焼き討ちするのを目にした。「その時わたしたちには武器がなくて」、と彼女は言う。「ただ見ているしかなかったんです」。ラクシュミーはこの後すぐにPLGAに加わった。彼女は二〇〇八年に三カ月半ものあいだ、ジャングルを抜けて、オリッサ州ナヤガルまで歩いた百五十人のゲリラのなかにいた。目的地でかれらは警察の兵器庫を襲撃し、ライフル千二百本と弾薬二十万発を入手したのだった。

スミトラ同志は二〇〇四年にPLGAに入った。サルヴァ・ジュドムの暴虐が始まる前のことだ。家から逃れたかった、というのが加入の理由らしい。「女性たちはあらゆる方法で支配されているんです」。そうスミトラは語る。「わたしたちの村では、女の子は木に登っちゃいけない。もし登れば、五百ルピーか雌鶏一羽を罰金として払わされるんです。男が女を殴り、女が殴り返したら、村にヤギを差し出さなくてはいけないんですよ。男は連れ立って何カ月も山で狩りをします。女は獲物に近づいてはだめ。肉の一番良い部分は男たちのもの。それに女は卵を食べられません」。ゲリラ軍に入るには十分な理由でしょ?

スミトラはふたりの友人、KAMSで活動したテラム・パルヴァティーとカムラについて話してくれた。テラム・パルヴァティーはバスタール西部のポレヴァヤ村出身。彼女もこの村のみなと同じように、サルヴァ・ジュドムが村を焼くのを目撃した。その後PLGAのメンバーとなり、ケシュカル峠に行って活動する。二〇〇九年、彼女はカムラとともに、この地区で三月八日の女性デー〔七五年に国連が定めた国際女性デー〕式典の準備を終えたところだった。ふたりはヴァドゴという村のすぐ外れの小さな家にいた。すると夜に警察がやって来て家を包囲し、発砲し始めた。カムラは応戦したが殺されてしまう。パルヴァティーはその場を逃れたものの、翌日見つかって殺された。

これが去年の女性デーに起きた事件。そして次にあげるのが、全国紙に掲載された今年の女性デーに関する記事だ。

バスタールのゲリラが女性の権利を主張

サーハル・カーン『メイル・トゥデイ』紙、ライプル、二〇一〇年三月七日

政府は国内の毛沢東主義の脅威と戦うために全力を尽くしたかもしれない。しかしチャッティースガルのゲリラ軍の一部は、生き延びるよりもさらに差し迫った問題を抱えている。国際女性デーを目の前に、チャッティースガル州バスタール地区の毛派は、一週間にわたって女性の権利擁護を訴える「式典」の開催を呼びかけた。バスタール地区のビジャプルでもポスターが掲げられた。女性の権利擁護を自称する者たちの訴えに、警察は驚きを隠せない。バスタール警察長官T・J・ロングクメルは述べる。「ナクサライトからこんな訴えがあるのは見たことがありませ

ん。やつらが信じるのは暴力と殺戮だけですからね」。

そして記事はこのように続く。

「思うに、毛派はわれわれの「民衆覚醒キャンペーン」が大成功を収めていることに対抗しようとしているんじゃないですか。このキャンペーンは、グリーンハント作戦への支持を得るために始めました。作戦自体は、極左勢力一掃に向けて警察が開始したものですがね」。警察長官はそう語った。

こんなふうに悪意と無知が混じるのは、よくあることだ。党の現在を綴るグドサ・ウセンディは、たいていの人よりもそれがよくわかっている。彼の小さなコンピューターとMP3レコーダーには、プレス声明、否定や訂正、党の文献、死者のリスト、テレビの録画や音声・映像資料などがぎっしり詰まっている。「グドサ・ウセンディでいて最悪なのは、ぜったいに活字にならない釈明文を出すことかな。メディアの嘘に対する日の目を見なかった釈明文を集めると、分厚い本ができますよ」。彼はほんの少しも怒ることなく、むしろ面白がっているようすでそう述べる。

「否定する必要のあった嫌疑で、一番ばかばかしいのはどんなものですか」。

彼は記憶をたどる。「二〇〇七年に、*"Nahi bhai, hummey gai ko hathode say nahin mara"*［それは違う、

兄弟よ、われわれはハンマーで牛を殺していない」という声明を出しましたね。その年、ラーマン・シン州政府が牛計画《ガイ・ヨージュナ》なんてものを発表したんです。選挙公約の一環で、アーディヴァーシー全員に牛を一頭ずつ与える、というものですけど。ある日、テレビ局や新聞が、ナクサライトが牛の群れを襲撃してハンマーで打ち殺した、ナクサライトは反ヒンドゥーで反人民党だから、と報道したんです。どうなったか想像つくでしょう。ぼくらは否定声明を出しました。でもほとんどだれも相手にしてくれません。その後わかったのですが、牛の分配を託された男というのがごろつきだった。牛を売り払ってから、ぼくたちに待ち伏せされて牛を殺された、なんて言いふらしたんですよ」。

じゃあ一番深刻なものは？

「ああ、そんなのいっぱいありますよ。なにしろ連中はキャンペーンを張っているのだし。アンベリ村でサルヴァ・ジュドムが初めて公表された時、まず村レベルの活動家が襲撃されました。ジュドムは活動家たちを集会に招いて、ぶちのめし、警察に引き渡したんです。それから特別警察官、ナガ大隊、警察、ぜんぶ揃ってタディメンドリに向かった。地区のゲリラ部隊の同志たちは、威嚇射撃をしてやつらを蹴散らしました。負傷者は出なかったのに、『フロントライン』誌の記者アニー・ザイーディーは、こんなふうに書いたんです。「一万人以上が参加していたタルメンドリの集会で、ナクサライトが発砲し、何百という犠牲者が出たとのことである」[7]。同じ日、ジュドムはコトラパルに向かいました――コトラパルのことは知ってますよね。有名になった村ですよ。降伏を拒否して二十二回も焼かれた、あの村です。ジュドムがコトラパルに来た時、うちの民兵は待ち構えていました。奇襲の準備ができていたのです。サルヴァ・ジュドムのやつらが三人死にました。民兵は十二人捕らえましたが、残りは逃走しました。でも新聞記事ではこうなっています。ナクサライトは多数の貧しいアーディヴァーシーを殺害した、って。しかもあの人権活動家のK・バラゴーパールでさえ、いつもは事実に慎重だというのに、人権フォーラムのプレスリリースで死者十八名なんて言ったんですよ。ぼくらは釈明文を送りました。だれも記事にしなかったけど。後になって、バラゴーパールは自著で誤りを認めていました……。でもそんなことだれも気付きやしません」[8]。

十二人の捕虜がどうなったのか聞いてみた。

「地域委員会が人民法廷《ジャン・アダラット》を招集しました。四千人が集まって、話を一部始終聞いたんです。ふたりに死刑判決が下り、ひとりは逃走しました。あとは警告を受けて釈放されました。みんなで決定を下すんですよ。密告者であっても――密告は今、大問題になっているんですが――人びとはかれらの言い分や話や告白に耳を傾けて、*“Iska hum risk nahin le sakte”*［リスクを負う準備ができていない］、あるいは*“Iska risk hum lenge”*［リスクを負う準備ができている］と言い渡します。メディアときたら、決まって処刑された密告者のことを言いたがる。でも釈放されたやつだって多いのに、そこは口を閉ざすんだ。それに、密告者に殺された人たちのことも黙殺する。だから、残虐な手続きでいつも全員が死刑になると思われてしまう。復讐なんかじゃない。生存をかけた、未来の命を救うための行為ですよ……もちろん、ぼくらにも問題はありますし、ひどい過ちも犯します。待ち伏せ攻撃で、警察と勘違いしてべつの人を殺したことだってあります。だけどメディアが言うようなやり方なんかじゃない」。

あの恐ろしい「人民法廷《ジャン・アダラット》」。どうやったら受け入れられるというのだろう。こんな荒っぽい司法のあり方を是認できるだろうか。でもその一方で、「偽」であってもなくても、最悪の即時処刑にほかならない「遭遇戦」を行えば、警察や兵士はインド政府から勲章や賞金を得て、いち早く昇進できる。これをどう考えるべきだろう。警察や兵士には、殺せば殺すほど見返りがある。「勇敢な人」、「遭遇戦スペシャリスト」はそう呼ばれる。「反国家的」、連中に挑戦しようとするわたしたちはそう呼ばれる。では最高裁判所はどうなのか。モハメッド・アフザル（二〇〇一年十二月のインド議会襲撃の容疑で告訴された）に死刑判決を下すには証拠不十分だとなんの臆面もなく認めながら、結局、死刑を言い渡したのだ――「被告人に極刑が言い渡されてこそ、社会の集団的良心が満たされることになる」という理由で。(9)

少なくともコトラパルの人民法廷の場合、「集団」は実際に参加して決定を下した。ずいぶん前に普通の生活と切り離されてしまっているくせに、いまだにおこがましく不在の「集団」を代弁する裁判官ではなく。

コトラパルの人たちがなにをすべきだったというのだろう。警察を呼ぶべきだったとでも？

ブムカル式典の民兵たち。
静寂に見えるこの森では，生活がすべて軍事化しているようだ。
人びとは
「包囲捜査」，「発砲」，「進め」，「退却」，「伏せろ」，「実戦」
などという語に親しんでいる。
作物を収穫するには，ＰＬＧＡの巡回が必要になる。
市場に行くのは，軍事行動そのものだ。

ブムカル式典の開幕劇。
わたしはブムカル蜂起記念祭が待ち遠しいのかどうかわからない。
毛派のプロパガンダでがちがちになった先住民の伝統ダンス，
熱を帯びた雄弁な演説，
うつろな目の従順な聴衆を見るのではないか，
と不安なのだ。

＊

ドラムの音がいよいよ大きくなってきた。ブムカルの時間だ。わたしたちは会場の方に向かう。わたしは自分の目を疑った。ものすごい数の人。きわめてワイルドで、最高にうつくしい人びとが、きわめてワイルドに、最高にうつくしく着飾っている。男たちは女たちよりもずっと外見に気を使っているようだ。頭に羽根飾りをつけ、顔に模様をペイントしている。目にメイクをして、顔にはおしろいをはたいている人が多い。たくさんの民兵がいる。少女たちは息をのむほど色鮮やかなサリーを着て、無頓着にライフルを肩からかけている。老人も子どももいて、赤い旗飾りが空にアーチを描いている。太陽は高く、焼けつくようだ。レング同志が話す。そして、あちこちのジャナタナ・サルカールの役人数名が後に続く。ニーティー同志は、一九九七年から党にいる並外れた女性だ。国家にとってはあまりに大きな脅威なので、二〇〇七年一月、彼女がいることを聞きつけて、七百人以上もの警官がインナル村を包囲した。ニーティー同志は相当な危険人物とみなされ、当局が必死になって追っている。多数の待ち伏せ攻撃を指揮したからではない（実際に指揮したのだけれど）。ニーティーがアーディヴァーシーの女性で、村のみんなに愛されて、若者に大きなインスピレーションを与えているからだ。彼女は肩にAKをかけて話す（この銃には歴史がある。ほとんどの人の銃に、そんな歴史がある。だれが、だれから、どのように奪ったのか、というような）。

CNMの一座がブムカル蜂起の芝居を行う。邪悪な白人植民者は帽子と黄金色のわらでできた髪をかぶり、アーディヴァーシーを痛めつけ、叩きのめしている――これが観客に際限なくうけるのだ。南部ガンガラウルの一座は「血の狩りの物語」という芝居をした。ジューリがわたしのために翻訳してくれる。老夫婦が娘の暮らす村を探しに行くという物語。森を歩いていると、すべてが焼かれてしまって、なにも見分けがつかないので、夫婦は道に迷ってしまう。サルヴァ・ジュドムは、ドラムや楽器までも焼いてしまっていた。雨が降っていたので灰も残っていない。二人は娘を見つけられず、悲しみのうちに歌い始める。するとその歌声を聞いて、廃墟のなかから娘の声が歌を返す。わたしたちの村の音は消されてしまったの、と娘は歌う。もう、米をつくことも、井戸の側で笑うこともない。鳥たちも消えて、ヤギの鳴く声もしない。わたしたちのぴんと張った幸せの糸が、ぷっつり切られてしまったの。

するとと父親が歌い返す。うつくしい娘よ、今日は泣かないでおくれ。生を受けたものはみな死する運命にある。わたしたちの周囲の木々も倒れ、花は咲き、しおれていく。いずれ、この日、この世界も老いていくだろう。でもわたしたちは、だれのために死にゆくというのか。いつか略奪者たちにもわかる日が来る、いつの日か真実が勝利する。だが人びとは、決してお前のことを忘れはしない、何千年経とうとも――。

いくつかスピーチが続いた。そしてドラムとダンスが始まる。各ジャナタナ・サルカールには舞踏団があり、それぞれ独自のダンスを準備している。大きなドラムの音とともに、一グループずつ現れ、すてきな物語を踊っていく。どの舞踏団にも共通する登場人物が「悪い鉱山会社の男」、へ

仮設の殉教者追悼碑。
いくつかスピーチが続いた。
そしてドラムとダンスが始まる。
各ジャナタナ・サルカールには
舞踏団があり，
それぞれ独自のダンスを
準備している。

ブムカルの幕開け。
ここ，ダンダカランヤの森では，
幸せというものが，心の底からまじめに考えられている。
人びとは何マイルも，何日もともに歩き，祝い，歌い，ターバンに羽根を飾り，
髪に花をさし，腕を組み，マフア酒を飲んで，夜どおし踊る。
ひとりで歌い踊る者などいない。
こうしたことこそが，なににも増して，
かれらを滅ぼそうとする文明への抵抗となっている。

ルメットをかぶり、サングラスをかけて、たいてい煙草を吸っている。ダンスには、ぎくしゃくして機械的なところがまったくない。かれらが踊ると、埃が舞う。ドラムの音が耳をつんざくほど大きくなる。人の群れが次第に揺れ出す。そしてダンスが始まる。男女別に六つか七つの小さな列を作って、互いの腰に腕を回す。何千もの人。みんなこのためにやって来たのだ。まさにこのためにここ、ダンダカランヤの森では、幸せというものが、心の底からまじめに考えられている。人びとは何マイルも、何日もともに歩き、祝い、歌い、ターバンに羽根を飾り、髪に花をさし、腕を組み、マフア酒を飲んで、夜どおし踊る。ひとりで歌い踊る者などいない。こうしたことこそが、なににも増して、かれらを滅ぼそうとする文明への抵抗となっている。

これがぜんぶ、警察の目と鼻の先で起こっているなんて信じられない。グリーンハント作戦のまっただなかで。

はじめPLGAの同志たちは銃を持って脇に立ち、踊る人びとを眺めているだけだった。でもやがてひとりずつ、まるで岸に立って仲間が泳ぐのをただ眺めているのに耐えられなくなったアヒルのように、輪の中に入って踊り始める。すると、すぐにカーキ色の踊り手たちの列ができ、さまざまな色とともにぐるぐる回り出す。何カ月も、時には何年も会っていなかった姉妹、兄弟、親子、友達が顔をあわせると、もとの列が崩れて、新しい列が生まれ、渦を巻くサリー、花、ドラムやターバンのなかへと、カーキ色が散り散りになっていく。これぞ人民軍。少なくとも、今はそうだ。ゲリラは魚であり、人民はゲリラが泳ぐ海である、とは毛主席の言葉だが、この瞬間、それは文字通り真実だった。
毛主席。彼もここにいる。たぶん、少し孤独だろう。でも確かにここにいる。赤い幕の上に毛主席の肖像写真が掲げられている。マルクスもいる。それに、ナクサライト運動の創始者で、もっとも重要な理論家、チャルー・マジュムダルも。マジュムダルの容赦ないレトリックでは、暴力と流血と殉教が祀り上げられ、時に大量殺戮の表現にも似た荒々しい言葉が用いられる。ブムカルの祝祭日に、ここでこうして立っていると、彼の分析はこの革命の構造に不可欠であったとしても、革命の情念や本質からは懸け離れているように思えてならない。「階級闘争、すなわち敵の殲滅をかけた戦いをとおしてのみ、新しい人間が生まれるだろう。死をものともせず、あらゆる私利私欲の念から解き放たれた新しい人間が」[10]。マジュムダルは想像できただろうか。彼の抱いた夢は、この夜どおしダンスをしている、先住の民の双肩にかかっていることを。

外側の世界に唯一伝わっているのが、矛盾をはらんだ過去から発展してきた党の指導者たちの用いる堅苦しく厳格なレトリックだけのように見えてしまう——この事実は、ここで起こっていること、なにもかもへの酷い裏切りだ。チャルー・マジュムダルが「中国の首席がわれわれの首席であり、中国の道はわれわれの道だ」と言ったのは有名だが、彼はその言葉を押し広げて、ヤヒヤー・ハーン将軍が東パキスタン（バングラデシュ）で虐殺を犯している時にも、ナクサライトを黙らせたままにしておく心づもりでいた。その当時、中国はパキスタンの同盟国だったからだ。カンボジアのクメール・ルージュと大量殺戮《キリング・フィールド》についても沈黙を貫いた。中国とロシアの革命が行き過ぎてしまったことにも、口を閉ざした。チベットのことも黙ったまま。ナクサライト運動内部でも、行き過ぎた暴力が起こり、その多くは弁護の余地もない。が、しかし、かれらの行為を、パンジャーブ、カシュミール、デリー、ムンバイ、グジャラートなどで国民会議派や人民党が行った下劣な所業と比べることなど、できるだろうか。それに、たとえすさまじい矛盾があったとしても、チャルー・マジュムダルは文章や発言のほとんどで、この国のための政治的ヴィジョンを示しており、それはそう簡単に退けることができない。彼が創った党（そしてその多くの分派）は、インドで革命の夢を現実のものとして存続させてきた。そういった夢のない社会を想像してみればいい。それだけとっても、わたしたちはマジュムダルを厳しく非難することなどできない。とりわけ、ガンディーが敬虔に語った「非暴力の道」の優位や「受託者制度《トラスティーシップ》」などという戯言――「金持ちは財産を所有したまま、分別をわきまえたうえで個人の必要を満たすために用いて、残りの財産についてはその受託者となって社会の公益のために用いる」――にとらわれているあいだは。

　でも不思議じゃない？　インドの支配層――ナクサライトを容赦なく弾圧する国家――の現代の君主《ツァーリ》たちが、今ではなんと、チャルー・マジュムダルがずっと昔に言った「中国の道はわれわれの道」を繰り返しているなんて。

　まったく、さかさま。表裏。

「中国の道」は変わった。中国は今や他国の資源に焚きつけられ、帝国主義勢力になろうとしている。それでも党は正しい。ただ、党は心変わりをしただけなのだ。

党が求婚者となって（ダンダカランヤでそうであるように）人びとを口説き、どんな要望にでも耳を傾けているのなら、それこそ本物の人民の党であり、軍は本物の人民軍となる。でも革命の後には、この恋愛関係がいともたやすく、つらい結婚生活に変わってしまう。いともたやすく人民軍が人民に敵対してしまう。今日、ダンダカランヤで、党は山のボーキサイトを守ることを望んでいる。明日は心変わりをするのだろうか。でも未来を不安がって、現在のなかで身動きを取らずにいられるだろうか。そうすべきだろうか。

ダンスは夜どおし続くだろう。わたしはキャンプに戻る。マーシがまだ起きている。なので、わたしたちは夜遅くまでおしゃべりをした。わたしはマーシにネルーダの詩集『船長のうた』をあげた（念のため持ってきていたのだ）。彼女は何度も何度もわたしに聞いてくる。「外でわたしたちはどう思われているの？　学生たちはなんて言ってる？　女性運動のことを教えて。現在の大きな問題はなに？」それにわたしのこと、執筆についても聞いてきた。わたしはマーシに自分が混乱していることを、正直に話そうとした。すると、こんどは彼女が自分のこと、どのように党に入ったかを話し始める。彼女のパートナーは、昨年五月に偽遭遇戦で殺されたという。ナーシクで逮捕され、ワーランガルまで連れて行かれ、殺害されたのだそうだ。「ぜったいにやつらは彼を惨たらしく拷問したはずよ」。マーシはパートナーに会いに行く道中で、逮捕のことを聞いた。それからずっと森にいる。マーシは長い沈黙のあと、何年も前に一度結婚していたことを明かした。「彼も遭遇戦で殺されたの」と言い、痛ましいほど正確に付け加える。「でも本物の遭遇戦だったけど」。

わたしはジッリーで目を開けたまま横になり、マーシの持久的な悲しみについて思いをめぐらせ、会場のドラムと持久的な幸せの声を聴き、毛派の中心教義、チャルー・マジュムダルの言う持久戦理論について考えてみる。これが元になって、毛派の「和平交渉」の提案は見せかけだ、態勢を立て直し、再武装して持久戦に戻るための猶予を得る策略だ、などとみなされてしまう。でも持久戦とはなんだろう。本質的に恐ろしいことなのだろうか。それとも、戦争の性質によるのだろうか。この三十年間、ダンダカランヤの人びとが持久戦を仕掛けていなければ、今ごろかれらはどうなっていただろう。

それに持久戦を信じているのは、毛沢東主義者だけだろうか。インドは主権国家になったとたん植民地主義勢力に早変わりし、土地を併合し、戦争をしてきた。なんの躊躇もなく、政治問題の解決のために軍事介入を行ってきた。――カシュミール、ハイデラバード、ゴア、ナガランド、マニプル、テランガーナ、アッサム、パンジャーブ、西ベンガルのナクサライト蜂起、ビハール、アーンドラ・プラデーシュ、そして今、インド中央部の先住民地域で。何万人殺されてもその罪は免責され、何十万もの人が拷問された。これがすべて、慈悲深い民主主義の仮面の背後で行われている。この戦争はだれに対するものなのか。ムスリム、キリスト教徒、シク教徒、共産主義者、先住民、そしてとりわけ、貧しい者たち。そのほとんどがダリット〔いわゆる不可触民〕で、投げつけられるパン屑を受け取らず、あえて自らの運命に問いを投げかけている。インドは（どの政党が与党になろうと）基本的に、上位カーストが支配する「ヒンドゥー国家」であり、「他者」に対して反射的な敵意を抱くような国家だと考えざるをえない。まさに植民地主義そのもののやり方で、ナガ人やミゾ人をチャッティースガルに、シク教徒をカシュミールに、カシュミール人をオリッサに、タミル人をアッサムに送り込んで戦わせる。これが持久戦でなければ、なにが持久戦なのか。

星降るすてきな夜なのに、不愉快な考えが浮かぶ。スゥクデヴはひとりでにやにやしている。顔がパソコン画面に照らされている。彼はとんでもなくワーカホリックだ。なにがおかしいの、と聞いてみる。「去年、ブムカル式典に来たジャーナリスト連中のことを考えてたんですよ。一日か二日いるために来た。ひとりはぼくのAKでポーズを決めて、写真を撮ってもらっていた。それで、戻るとぼくらのことを「殺人機械」とかなんとか言ったのさ」。

＊

ダンスは終わっていないけれど、もう夜が明ける。列は延々と続いて、何百人もの若者がまだ踊っている。「やつらはやめないよ」とラジュ同志が言う。「荷造りを始めないと、終わらない」。

会場でドクター同志に出くわした。彼はダンス会場の端で小さな医療キャンプを開いている。わたしはドクターのふくよかな頬にキスしたかった。どうして彼みたいな人が、ひとりではなく、少なくとも三十人いないのだろう。どうして千人にならないのだろう。彼にダンダカランヤの健康状態をたずねてみる。その答えを聞いて血の気が引いた。PLGAメンバーを含めて、彼が診たほとんどの人は、ヘモグロビンの数値がインド女性の平均値十一よりもずっとずっと低い。二年以上に

夜どおし続くダンス。
はじめ PLGA の同志たちは銃を持って脇に立ち,
踊る人びとを眺めているだけだった。
でもやがてひとりずつ,
まるで岸に立って仲間が泳ぐのをただ眺めているのに耐えられなくなった
アヒルのように,
輪の中に入って踊り始める。
すると,すぐにカーキ色の踊り手たちの列ができ,
さまざまな色とともにぐるぐる回り出す。

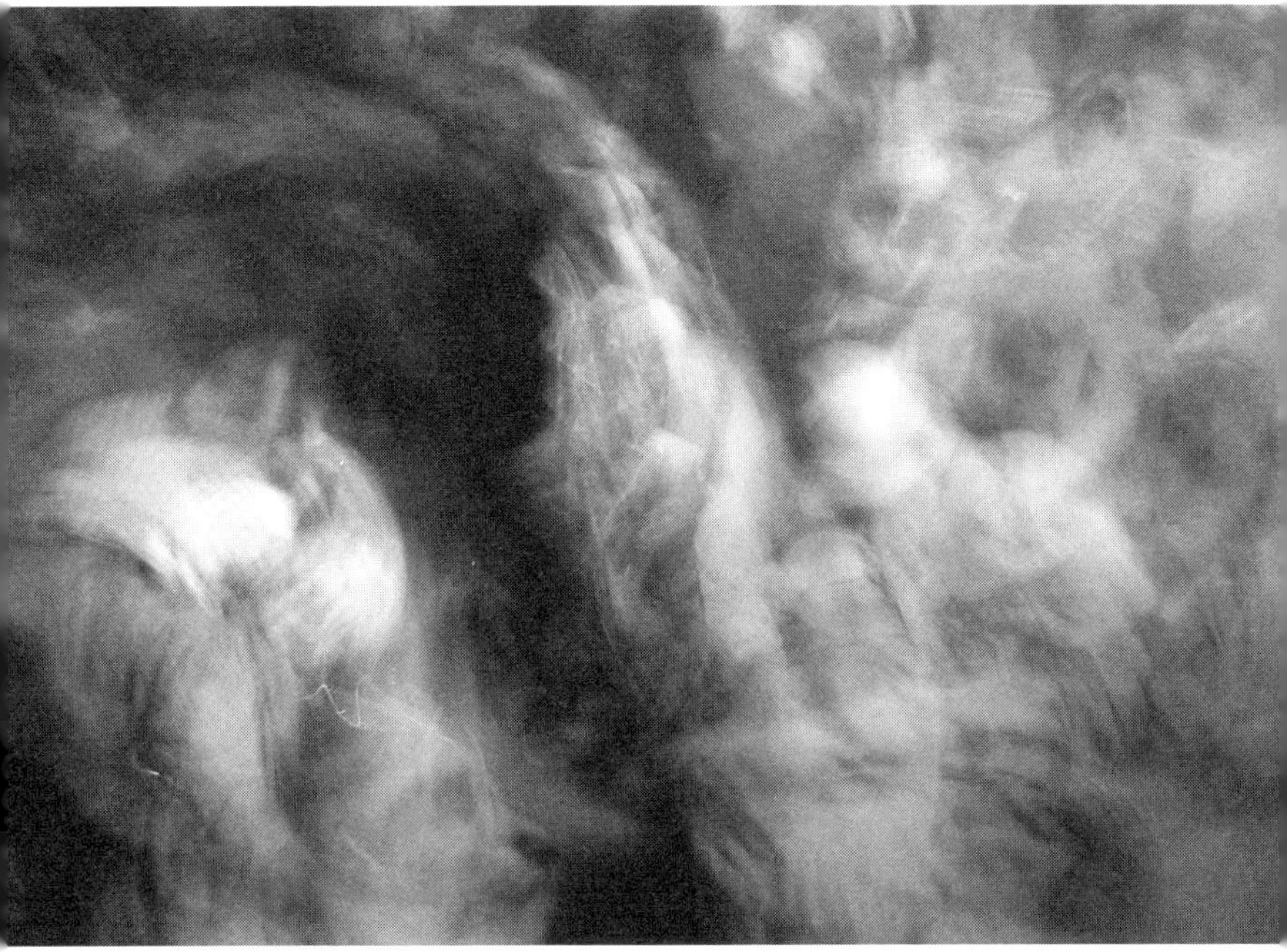

ダンスは終わらず，もう夜明け。
何ヵ月も，時には何年も会っていなかった
姉妹，兄弟，親子，友達が顔をあわせると，
もとの列が崩れて，新しい列が生まれ，
渦を巻くサリー，花，ドラムやターバンのなかへと，
カーキ色が散り散りになっていく。

および慢性的な貧血のせいで、結核が起こっている。小さな子どもたちは、タンパク質エネルギー低栄養状態グレードⅡ、医学用語ではクワシオルコルと言われる状態にある（その後調べてみた。ガーナ沿岸部のガ語に由来する言葉で、「下の子が生まれると上の子がかかる病気」という意味らしい。要するに、上の赤ちゃんが母親のミルクをもらえなくなり、その子の栄養になる食べ物が十分にないということだ）。「ここでは蔓延していますよ。まるでビアフラのようにね〔六七年から七〇年に起きたナイジェリアの内戦、ビアフラ戦争。飢餓と栄養失調が蔓延し、多数の死者が出た〕」。そうドクター同志は言った。「前にもいくつか村に行きましたが、こういう状況を見るのは初めてです」。

これ以外にもマラリア、骨粗鬆症、サナダムシ、深刻な耳と歯の感染症などがある。それに原発性無月経も——思春期の低栄養状態が原因となって、女性の月経が無くなる、あるいは始まらないという症状だ。

「ガドチロリにひとつやふたつある以外、この森には診療所がないんですよ。医者もいない。薬もない」。

彼は小さなチームとともに出発し、八日間歩いてアブジマドまで行く。ドクター同志、彼も「ドレス」を着ている。なので、見つかれば殺されてしまう。

ここでキャンプを続けるのは危険だ、とラジュ同志。さあ、移動しなければ。ブムカルを離れるには、何度も何度も、時間をかけて別れの挨拶が必要だ。

Lal lal salaam, lal lal salaam,

Jaane vaaley saathiyon ko lal lal salaam,

（さりゆく同志たちに、赤の敬礼）

Phir milenge, phir milenge

Dandakaranya jungle mein phir milenge

（また会いましょう、いつの日か、ダンダカランヤの森で）

到着と出発の儀式は、決して軽々しく受け止められたりしない。「また会いましょう」は、本当のところ「二度と会えないかもしれない」という意味だと、だれもが知っているから。ナルマダ同志、マーシ同志、ルーピ同志はそれぞれの道を行く。わたしは彼女たちにまた会えるのだろうか。

そしてふたたび、わたしたちは歩き出す。毎日暑さが増している。カムラはテンドゥの初なりの実をわたしに採ってくれた。チクーのように甘い。わたしはタマリンド中毒になってしまった。今度のキャンプ地は小川の側だ。女と男がまとまって交互に水浴びをする。夜にラジュ同志は「ビスケット」の束を受け取った。

ニュース：

二〇一〇年一月末、マンプル地区で逮捕された六十名の裁判はいまだ行われず。

巨大警察部隊が南部バスタールに襲来。無差別攻撃が続く。

二〇〇九年十一月八日、ビジャプル県カチララム村で、ディルコ・マドゥカ（六〇歳）とコヴァシ・スクルゥ（六八歳）が殺害。

十一月二十四日、パンゴディ村でマダヴィ・バマン（一五歳）が殺害。

十二月三日、コレンジャド出身のマダヴィ・ブドゥラムも殺害。

十二月十一日、ダルバ地区、グミアパル村で七人が殺害（身元未確認）。

十二月十五日、コトラパル村でヴェコ・ソムバルとマダヴィ・マッティ（ともにKAMSメンバー）が殺害。

十二月三十日、ヴェチャパル村、プーネム・パンドゥとプーネム・モットゥ（父子）が殺害。

二〇一〇年一月（日付は不明）、ガンガラウル、カイカ村のジャナタナ・サルカール長が殺害。

一月九日、ジャガルゴンダ地域、スルパングーデン村で四人が殺害。

一月十日、プレム・プラディ村で三人が殺害（身元未確認）。

一月二十五日、インドラヴァティー地域、タキロド村で七人が殺害。

二月十日（ブムカル式典日）、アブジマドのドゥムナール村でクムリが強姦のうえ殺害。クムリはパイヴェル村出身。

ラージナンドガオンの森で二千人規模のインド・チベット国境警察部隊が駐屯。

国境治安部隊、追加の五千人がカンケルに到着。

そして、

ＰＬＧＡが目標人員に到達。

日付の入った新聞も何部か届いた。ナクサライトの記事がたくさんある。センセーショナルな見出しが政治の状況を見事に言い表している。*"Khadedo, maaro, samarpan karao"*（消せ、殺せ、降伏させろ）。その下には、*"Varta ke liye loktantra ka dwar khula hai"*（民主主義の扉はつねに交渉のために開かれている）とある。二つ目の記事によれば、毛沢東主義者は換金目的で大麻を栽培している。三つ目の社説では、わたしたちがキャンプをして歩いた地域が、完全に警察の統制下に置かれているとのこと。

若い共産主義者たちは、新聞の切り抜きを読む練習にとっておく。若者たちはキャンプをぐるぐる歩き回り、ラジオのアナウンサーよろしく、大声で反毛派の記事を読みあげる。

新しい日。新しい場所。わたしたちはウジル村の郊外で、マフアの巨木の下にキャンプを張る。ちょうどマフアの花が咲き始めて、宝石のような黄緑色の花を森の地面に落としている。大気は少しくらくらするような香気に満ちている。わたしたちは、オングナールの遭遇戦以来閉校になった、バトパル初等学校の児童たちを待っていた。学校は警察のキャンプになってしまった。そのため子どもたちは家に戻されている。ネルワド村、ムーンジメッタ村、エドカ村、ヴェドマコト村、ダーノラ村の学校にも言えることだ。

バトパルの児童は結局現れなかった。

ニーティー同志（最重要指名手配犯）とヴィーノード同志が長い道のりを率いて、各地区のジャナタナ・サルカールが作った集水農法システムと灌漑用溜池をいくつも見学する。ニーティー同志は、取り組むべきさまざまな農業の問題を語る。灌漑できる土地は、たった二パーセント。アブジマドでは十年前まで、耕作など前例のないことだった。一方、ガドチロリではハイブリッド種子や化学農薬が徐々に入りこんでいる。「農業省では一刻も早い支援が必要です」とヴィーノード同志は言う。「わたしたちには、種子や有機農薬や生態系農業の知識を持つ人が必要なのです。少しの援助でたくさんのことができます」。

ラム同志はジャナタナ・サルカール地域を担当する農民だ。米、ナス、ゴングラ（葉野菜）、玉葱、コーラルビの田畑を誇らしげに見せてくれた。同じく誇りをもって、巨大な干乾びた灌漑用溜池に案内してくれる。これはなんですか？「ここには雨季でも水が貯まりません。間違ったところを掘ったんです」とラム同志は言い、その顔に笑みが広がる。「ぼくらの池じゃない。ルーティ・サルカール（略奪政府）が掘ったものです」。ここには二つの政府組織が並んで存在する。人民のための政府《ジャナタナ・サルカール》と略奪する政府《ルーティ・サルカール》。

わたしはヴェヌ同志が言ったことを考えてみる。——やつらがぼくたちをたたき潰そうとするのは、鉱物資源だけが目的なんじゃない。ぼくたちが世界に新しいモデルを示しているからだ。

この「銃によるグラーム・スワラージ（村の自治）」という考えを、「新しい」というにはまだ早い。ここでは飢餓が絶えないし、病気も蔓延している。とはいえ、新しいモデルの可能性が生まれているのは確かだ。世界全体やアラスカやニューデリーのためではなく、それにおそらく、チャッティースガル全域のためでもない。ただそれ自体のため。ダンダカランヤのため。世界でいちばん守られてきた秘密。この考えで、自分たちの絶滅に代わる新しいモデルの基礎を築いた。歴史に挑んできた。そしてどれほど大きな困難があっても、自らの生存をかけて未来図を作ってきたのだ。それには支援と想像力が必要とされる。医者や教師や農民の力が必要だ。

戦争は必要ない。

でも得るものが戦争だけだとしたら、応戦するしかない。

＊

その後数日間は、KAMSの活動家の女性たち、さまざまなジャナタナ・サルカールの役人、ダンダカランヤ・アーディヴァーシー農民労働者組織（DAKMS）のメンバー、殺害された人たちの遺族、それに、この酷い時代をなんとか生き抜こうとしているごく普通の人びとに会う。

わたしは三姉妹、スキアーリー、スクダーイー、スカーリーに出会う。ナラインプル地区出身で、それほど若くなく、四十代くらいだろうか。三姉妹はKAMSに十二年いる。村人たちは警察の対処を姉妹に頼っている。「警察は二、三百人の集団でやって来て、どんな物でも盗むんです。宝石、鶏、豚、鍋類、弓矢までも」とスッカリ。「ナイフ一本も残していきません」。彼女のインナルの家は二度焼かれた。最初はナガ大隊に、二度目は中央予備警察隊に。スキアーリーはジャグダルプルで逮捕されて、七カ月間拘禁された。「男は全員ナクサライトだと言われ、村まるごと連行されたこともありますよ」。スキアーリーは女たち、子どもたちとともに後をつけた。そして警察署を包囲し、男たちが釈放されるまで頑として動かなかった。スクダーイーは言う。「だれかが連行されたら、必ずすぐに行って奪還しないと。連中が報告書を書く前に。いったん記録されてしまうと、とても難しくなるのです」。

スキアーリーは幼い時に誘拐されて、年上の男との結婚を強制されたのだが（逃げ出して妹と暮らした）、今では大規模集会を組織したり、会議で発言したりしている。男たちは彼女の保護に頼っている。わたしはスキアーリーに、党とはどういうものか聞いてみた。「ナクサライトはわたしたちの家族。攻撃があったと聞くと、自分の家族が傷つけられたように感じます」。そうスキアーリーは言った。

彼女に毛沢東がだれか知っているか聞いた。スキアーリーは照れくさそうに微笑む。「指導者だった人。わたしたちは彼の理想のために活動している」。

ソマリ・ガウデ同志に会った。彼女は二十歳だが、すでにジャグダルプルで二年の服役を済ませている。彼女は二〇〇七年一月八日、インナル村にいた。ニーティー同志がいると聞きつけ、七百四十人の警官が村を包囲した日だ（確かに彼女はいた。が、警察が到着する前に村を離れた）。しかしソマリも所属する村の民兵は、まだそこに残っていた。夜明けごろ警察は攻撃を開始した。少年ふたり、スクラル・ガウデとカチルー・ゴタが殺された。そして三人を逮捕した。ドゥスリ・

サーラームとラナイという少年ふたり、それにソマリも。ドゥスリとラナイは縛りあげられて射殺された。ソマリは半殺しの目にあった。警察は貨物トラックを入手して、死体を積み込んだ。ソマリは死体のあいだに座らされ、ナラインプルに連行された。

それからわたしは、二〇〇九年七月六日に射殺されたディリップ同志の母親、チャムリに会った。彼女の話では、警察は息子を殺した後、まるで動物のごとく、死体を棒に縛りつけて運んで行った（賞金を獲得するには、だれかが割り込んでくる前に死体を引き渡す必要があるのだ）。チャムリは警察署までずっと走って後を追った。目的地に着いたころには、息子の衣服は残らずはぎとられていた。チャムリが言うには、連中は道すがら、屋台《ダーバ》でお茶とビスケットをとるあいだ、亡骸を道路脇に放り出していたそうだ（おまけに無銭飲食をした）。しばしこの母親のことを想像してみてほしい。死んだ息子の後を追って森を抜け、人殺したちが茶を飲み終わるまで少し離れたところに立ち、待っている姿を。警察は彼女に亡骸を返さなかった。母親は息子をきちんと弔うことも許されなかったのだ。ただ彼女に許されたのは、その日殺された人たちを埋めた穴に、土を一握りかけることだった。チャムリは復讐したいと言う。バドラ・ク・バドラ。復讐。血には血を。

六つの村を統括するマルスコラ地区ジャナタナ・サルカールの選出委員に会った。かれらは警察の襲撃について説明してくれた。連中は夜に三百か四百、時には千人の部隊でやって来る。村に非常線を張り巡らし、横になって待つ。夜が明けると、まず畑に出かけていく人びとを捕らえて人間の盾にし、村に一緒に入って爆弾の仕掛けられた場所を教えるよう仕向ける（「仕掛爆弾《ブービートラップ》」はＲＶ

スキアーリー，スクダーイー，スカーリー。
1986年に，党はアーディヴァーシー女性組織を設立し，
それがアーディヴァーシー革命女性組織へと成長を遂げた。
今では九万人のメンバーを誇っている。
彼女たちもみんな「消されて」しまうのだろうか。

のようにゴンド語になっている。この単語を言ったり聞いたりすると、決まってだれもが笑う。偽物にせよ本物にせよ、森は仕掛爆弾でいっぱいだ。PLGAですら、村を抜けるには案内がいる)。村に入ると、警察は荒らし回って盗みをはたらいたあげく、家を焼き尽くす。それに連中は犬を連れてくる。逃げようとする人びとを捕まえるためだ。警察は犬に鶏や豚を狩らせると、獲物を殺して袋に入れて持ち帰る。特別警察官も警察と一緒に来る。村人の金と宝飾品の隠し場所を知っているのは、かれらなのだ。村人を捕らえて連行し、釈放する前に金を奪う。そして殺す標的を見つけた時のために、いつも毛派の「ドレス」を余分に持っている。毛派を殺すと賞金を得られるので、でっちあげるのだ。村人たちはあまりの恐怖に、家にいることができない。

静寂に見えるこの森では、生活がまるごと軍事化しているようだ。人びとは「包囲捜査」、「発砲」、「進め」、「退却」、「伏せろ」、「実戦」などという語に親しんでいる。作物を収穫するには、PLGAの巡回が必要になる。市場に行くのは、軍事行動そのもの。市場は、警察があらゆる村から金(月千五百ルピー)で釣って連れてきた、ムクビル(密告者)だらけなのだ。わたしはムクビル・モハッラー(密告者地区)がナラインプルにあると聞いた。少なくとも四百人が暮らしているという。男たちはもはや市場には行けない。代わりに女たちが行っても、厳重に監視されている。少しでも余分に買い物をすると、毛派の使いだと警察に責められる。薬局はごく少量しか薬品を売ってはいけない、という指示を受けている。公共配給制度の低価格の日用品、砂糖、米、灯油などは警察署の内部か付近に保管され、ほとんどの人が買えない状態にある。

＊

国連の「集団殺害罪の防止および処罰に関する条約」〔通称、ジェノサイド条約〕第二条では、ジェノサイドがこのように定義されている。

国民、人種、民族または宗教集団の全体または一部を滅ぼすために犯される次の行為のいずれをも意味する。集団の構成員を殺すこと。集団の構成員に対して、重大な身体的または精神的な危害を加えること。全体または一部に身体の破壊をもたらすことが意図された生活条件を、集団に対して故意に課すこと。集団内の出生を妨害する措置を強要すること。集団に属する児童を別の集団に強制的に移動させること。

＊

長旅がついにわたしの体にもこたえ出したようだ。わたしはくたくただった。カムラがわたしにポットでお湯をくれた。暗闇のなか、木のうしろに隠れて行水する。でも夕食はのどをとおらず、寝袋にごそごそともぐり込んだ。するとラジュ同志が移動の必要を告げる。もちろんこういうことはよくあるのだが、今晩は特別つらい。わたしたちは広々とした草地でキャンプを張っていた。遠くで爆撃音が聞こえる。総勢百四名。ふたたび、闇夜のなかを一列になって歩く。コオロギの声。

ラヴェンダーのような香り。この日の晩を過ごす場所に着いた時には、十一時を回っていたはず。岩が露出している。隊列を組み、点呼がとられる。だれかがラジオをつけた。BBCによれば、西ベンガル州ラールガルの東部国境ライフル部隊の駐屯地で襲撃があった。オートバイに乗った六十人の毛沢東主義者による犯行。十四人の警官が殺害され、十人が行方不明。武器は奪われた。隊列に歓びのささやきが広がる。毛派指導者のキシェンジ〔CPI（毛派）政治局員〕がインタビューを受けている。いつになったらこの暴力沙汰をやめて、和平交渉を始めるのですか。グリーンハント作戦が中止されたら出て行きますよ。いつでもね。チダンバラムに言ってください。われわれは交渉する、って。次の質問：暗くなってきました。あなたがたは地雷を置いていますよね。援軍が呼ばれましたが、また攻撃するのですか。キシェンジ：もちろんですよ。そうでないと、みんなにぶちのめされますからね。隊列のなかで笑いが起こる。釈明係のスゥクデヴが口をはさむ。「あいつらはいつだって地雷と言う。ぼくらが使うのは地雷じゃない。IED〔即席爆発装置〕だ」。

今夜もまた、千星ホテルの豪華スイートルームにいる。でも気分がすぐれない。雨が降り出した。小さなくすくす笑いが聞こえる。カムラがわたしにジッリーをかぶせてくれた。これ以上なにが必要だろう。みんな自分のジッリーにもぐりこんだ。

翌朝、ラールガルの死者は二十一人、行方不明者は十人になっていた。

今朝のラジュ同志は思いやりがある。夜まで移動する必要はない。

＊

ある晩、みんなが蛾のごとく、一点の灯りのまわりに群がっていた。太陽光パネルで充電したスゥクデヴ同志の小さなパソコンで、『母なるインド』〔一九五七年のヒンディー語映画〕を見ているのだ。ライフルの銃身が夜空にくっきりと浮かび上がっている。カムラは興味がないらしい。彼女に映画が好きかどうか聞いた。「いいえ、ディーディー。奇襲シーンのビデオにしか興味ないわ」。あとでわたしはスゥクデヴ同志に、奇襲シーンのビデオのことをたずねた。彼は顔色ひとつ変えずに、ビデオを見せてくれた。

映像はダンダカランヤのカットから始まる。さまざまな川、滝、葉を落とした木の枝のクローズアップ、鳴き声をあげるチャバラカッコウ。すると突然、同志がＩＥＤを設置し、枯れ葉の下に隠しているカットになる。オートバイの一団が吹き飛ばされる。体がばらばらに飛び散り、バイクは火をあげている。そして武器が奪われる。動転した表情の三人の警官が縛りあげられる。

だれがこれを撮っているの？　作戦を指揮しているのはだれ？　降伏すれば釈放してやると言って、捕虜の警官を安心させているのは、だれなの？（この三人は釈放されたことがあとで確認できた）

この穏やかで、ほっとするような声を、わたしは知っている。ヴェヌ同志の声だ。

「クドゥル襲撃ですよ」とスゥクデヴ同志が言った。

スゥクデヴは焼き打ちに遭った村の映像、それに目撃者や犠牲者の親族の証言を収めた映像記録も持っている。焼かれた家の黒焦げの壁にはこう書かれている。「ナガー！　殺すために生まれた」。指を切られた少年が映り、グリーンハント作戦のバスタールの章が始まる（わたしのテレビインタビューなんてものもある。わたしの書斎。わたしの本。へんな感じ）。

夜には、ラジオでまた別の毛派の攻撃が伝えられる。今度はビハール州のジャムイだ。百二十五人の毛派が村を襲撃し、コーラ人十人を殺害したという。警察に情報を提供して、六人の毛派の死を招いた報復とのことだ。もちろん、ニュースが正しいかもしれないし、間違っているかもしれない、ということはわかっている。でももし本当なら、この件は容赦できない。ラジュ同志とスゥクデヴ同志は、明らかに困惑しているようすだ。

ジャールカンドやビハールからのニュースは、不安な気持ちにさせる。フランシス・インドゥヴァルという警官に対する斬首刑の恐怖は、まだみなの記憶に新しい〔二〇〇九年コバド・ガンディーを含む毛派幹部の釈放との引き換えに公安部の警察官が誘拐され、殺害された事件。「タリバーン式」の残忍な処刑、などとセンセーショナルな報道が続いた〕。武装闘争の規律がどれほど容易に、あさはかな犯罪的暴力行為になり下ったり、カースト、共同体、宗教グループ間の醜悪なアイデンティティ戦争に落ちてしまったりするか、ということを思い出させてくれる出来事だ。インド政府は今のようなやり方で不正義を制度化して、この国を大混乱が起きる一触即発状態に陥れている。政府が「標的暗殺」でCPI（毛派）を「頭なし」の組織にし、暴力を止めようと考えているのなら、大間違いだ。それどころか、暴力は拡大し、激化していくだろう。そうすれば、政府は交渉相手を失ってしまうことになる。

＊

最後の数日間、青々とうつくしいインドラヴァティー川の渓谷をぶらぶら歩いた。丘の斜面に沿って歩いていると、川の反対側を同じ方向に進んでいる隊列が見える。クドゥル村のダム建設反対集会に向かう人たちだと教わった。このグループは合法的な非武装活動をしている。渓谷を守るための地元集会か——。わたしは隊列を離れて、かれらのほうに加わった。

ボッドガート・ダムができれば、わたしたちが何日もかかって歩いてきた地域全体が水没してしまう。あの森がすべて、歴史も、物語もぜんぶ。百以上ある村もまるごとのみ込まれる。これが計画と言えるのだろうか。ネズミのように人びとを溺れさせ、ロハンディグダの総合鉄鋼プラントやケシュカル峠のボーキサイト鉱山とアルミニウム製錬所のために水源を確保することが？

集会では何マイルも先からやって来た人びとが、わたしたちが何年も繰り返し耳にしてきたことを言う。われわれは溺れ死んでもここを動かない！　デリーから客が来ていると知って、人びとは大喜びしている。デリーは残酷な都市で、あなた方のことを知りもしないし、気にもかけていませんよ、と伝えた。

わたしはダンダカランヤに来るほんの何週間か前に、グジャラートを訪れた。サルダール・サローヴァル・ダムはほぼ最高水位に達している。ナルマダ救済運動の予測したことが、ほとんどすべて現実に起こっている。移動を強いられた人びとは元の生活を取り戻せていないが、それは言うまでもない。運河は作られていない。金がないのだ。そのため、ナルマダ川の水流は向きを変えて、サバルマティー川（ここでもずいぶん前にダム建設が行われた）の干上がった川底に注がれている。この水のほとんどは、都市や巨大産業がおしみなく使用している。下流への影響は、海水が流れのない河口に入りこんで、緩和できなくなりつつある。

かつて、巨大ダムを「近代インドの寺院」だと信じるのは、見当違いだとしても、あえて言えば理解できるという時代があった。だが、あんなことが起こり、なにが行われているのかはっきりした今、巨大ダムは人道に対する罪だと言わざるをえない。

ボッドガート・ダム計画は、地元住民の反対にあって一九八四年に棚上げされた。でも今は、だれがそれを止められるだろう。礎石が置かれるのをだれが阻止するだろう。インドラヴァティー川が奪われてしまうのを、だれが止められるだろう。だれかが立ち上がらなければいけない。

＊

最後の夜、わたしたちは翌朝登る険しい丘のふもとでキャンプを張った。バイクがわたしを拾いに来てくれる道路へと出るためだ。わたしが初めに入った時からも、森は変化している。チロンジー、カポック、マンゴーの花が咲き始めている。

クドゥル村の人たちが、大きな壺に捕れたての魚を入れてキャンプに送ってくれた。そしてわたしには、森で採ったり、畑で育てたりしている七十一種類の果物、野菜、豆、昆虫の名前と市場の価格を記したリスト。これはリストにすぎない。が、かれらの世界地図でもある。

ジャングル郵便が到着する。わたし宛てのビスケットがふたつ。ナルマダ同志からの詩と押し花。マーシ同志からのすてきな手紙（彼女はだれなんだろう。知ることなんてできるのだろうか）。スゥクデヴ同志が、わたしのｉＰｏｄからパソコンに音楽をダウンロードしてもいいか、と聞いてきた。わたしたちはイクバル・バーノーが、ジアーウル・ハク時代の弾圧の真っただなか、あの

ボッドガート・ダムができれば，
わたしたちが何日も歩いてきた地域全体が
水没してしまう。
あの土地がすべて。
森も，歴史も，物語もぜんぶ。

有名なラホールのコンサートで、ファイズ・アフマド・ファイズ〔パキスタンのウルドゥー語詩人〕の「われわれはその日を目撃する」（*Hum dekhenge*）を歌った時のレコーディングを聴いた。

Ham ahl-e-safa-Mardud-e-haram,
異端者と呼ばれたわれわれ忠実な信徒が
Masnad pe bithaiye jayenge
名誉をふたたび回復するとき
Sab taaj uchhale jayenge
王冠はすべて投げつけられ
Sab takht giraye jayenge
王座はすべて打ち倒される
Hum dekhenge
われわれはその日を目撃するだろう

五万人の聴衆が、あの、あのパキスタンで挑発的なフレーズを繰り返す。インキラーブ・ジンダーバード！　インキラーブ・ジンダーバード！〔ウルドゥー語で「革命万歳」〕　何年ものちに、同じフレーズがこの森にこだまする。――革命万歳！　不思議なことに、連帯が生まれているのだ。

内務大臣は「毛派に知的、物質的支援を送る過ちを犯している」人びとを、遠まわしに脅迫する。はたして、イクバル・バーノーを一緒に聞くことも該当するのだろうか。

夜が明けるころ、わたしはマッダヴ同志、ジューリ同志、幼いマングトゥ、そしてほかのみなに別れを告げる。チャンドゥ同志はバイクの手はずを整えるために先に行っており、幹線道路までわたしに付き添ってくれる。ラジュ同志は来ない（山登りは彼の膝にきついだろうから）。ニーティー同志（最重要指名手配犯）、スゥクデヴ同志、カムラ同志とあと五人が、わたしと一緒に丘を登る。歩き始めると、ニーティーとスゥクデヴは何気なく、しかし同時にAKの安全装置を外した。かれらがそんなふうにするのを初めて目にした。わたしたちは「国境」に近付いているのだ。「銃撃されるとどうすればいいのか、わかってますよね」。スゥクデヴがふと聞いてきた。この世でもっとも自然なことのように。

「ええ」とわたしは答える。「即座に無期限ハンストを宣言するんでしょ」。

彼は岩に座って笑った。わたしたちは一時間ほど丘を登った。道路の真下にある岩のくぼみに腰をおろし、伏兵の一団のごとく完全に姿を隠して、バイクの音に耳をそばだてる。別れの時がくると、急がないといけない。――ラール・サラーム、同志たち。

振り返ると、かれらはまだそこにいた。手を振り、小さな拳をあげる。夢とともに生きる人びと。外の世界は悪夢に憑かれているというのに。毎晩わたしはこの旅のことを考える。あの夜空、あの森の道。すり減ったサンダルをはいたカムラ同志の踵が、わたしの懐中電灯に照らされている。彼女は今も飛び回っているはずだ。彼女は歩いてゆく。自分のためだけでなく、わたしたちみんなの希望の光を灯し続けるために。

二〇一〇年三月

法は共有地からガチョウを盗む不運な悪党を
牢屋にぶちこむというのに
ガチョウから共有地を盗む大きな悪党を
見逃してしまう

作者不明　イングランド　一八二一年(1)

二〇一〇年七月二日の早朝、アディラーバードの辺境の森で、アーンドラ・プラデーシュ州警察は、チェルクリ・ラージクマルという名の男の胸に銃弾を撃ち込んだ。彼は同志たちにアーザードとして知られていた。アーザードは非合法のインド共産党（毛沢東主義派）の政治局員で、対インド政府和平交渉の最高責任者として、党が指名していた人物である。

警察は、簡単に足跡を隠すことができたというのに、なぜ至近距離から撃って、わざわざ火傷の跡を残したのだろう。過失、それとも、なにかのメッセージだったのか。

同じ日の朝、二人目が殺害された。ヘムチャンドラ・パーンディー、逮捕時にアーザードと一緒に移動していた若いジャーナリストだ。なぜ警察は彼を殺したのか。目撃者が生き残って、真相を触れ回らないようにするためだろうか。それともただの気紛れなのか。

戦争のさなか、和平交渉の前段階にあって、一方がもう一方の使者を処刑したりすれば、殺害した側が和平など望んでいないように見えるのも当然だ。生かしておくには危険すぎるとだれかが決定したために、アーザードは殺されたかのようだ。いずれその決断が重大な判断ミスであったとわかるだろう。彼が担っていた役割だけが理由ではない。現在のインドの政治状況こそがそれを予言している。

トリクルダウンの革命

同志たちに別れを告げ、ダンダカランヤの森を去ってから数日後、うんざりするが、いつもどおりの予定を立てて、ニューデリーの国会通りにあるジャンタル・マンタルに向かうことにした。ジャンタル・マンタルとは、ジャイプルのマハラジャ・サワイ・ジャイ・スィン二世が一八世紀に建てた古い天文台だ。当時、科学の驚異だったジャンタル・マンタルは、時間を知らせ、天候を予測し、天体を観測するために用いられた。今ではさほど活気もない観光名所になっているが、デリーの民主主義を陳列するささやかなショールームも兼ねている。

ここ数年、デリーでは政党や宗教組織の後援がない場合、一切の抗議活動が禁止されている。その昔、ラージパト通りのボートクラブでは、時に数日間も続くような、歴史に残る数々の大規模集会が行われた。ところが今では政治活動は禁じられ、ピクニックや風船売りやボートの乗船しか許されない。インド門では、中産階級向けのキャンドル・デモや見世物《ブティック》抗議活動――たとえば、デリーのバーでモデルが政界にコネのあるごろつきに殺害された事件をめぐる、「ジェシカに正義を」キャンペーン――が認められているにすぎない。公的な場所で「非合法の目的を共有する」五人以上の集会を禁じた、一九世紀の古くさい刑事訴訟法第一四四項が、デリーに押し付けられたのである。この法は、一八五七年の大反乱〔いわゆるセポイの反乱〕の再現を阻止する目的で、一八六〇年にイギリスが定めたものだ。当初は緊急措置であったはずだが、インドの多数の地域で永久に定着してしまった。たぶんわたしたちの首相は、こうした法律をありがたく思って、オックスフォードから名誉学位を授かったうえに、イギリスがかくも豊かな遺産を残してくれたことに謝意を表したのだろう。「われわれの司法、法制度、官僚制、警察はすべて、イギリス領インド政府から受け継いだ偉大な制度であり、大いに国家の役に立っております(2)」。

ジャンタル・マンタルは、デリーで唯一、第一四四項が適応されても実施されない場所だ。政治体制やメディアに無視されることに我慢ならなくなった人びとが、国のあちこちからやって来てここに集まり、必死の思いで発言の機会を待ち望んでいる。鉄道の長旅でやって来る人もいる。ボーパールのガス漏れ事故〔一九八四年、ユニオンカーバイド社の農薬工場で起きた世界最悪の化学工場事故。今なお周辺住民への健康被害は続いている〕の被害者のように、何週間もかけてはるばるデリーに歩いて来る人たちもいる。かれらは焼けつく（または凍える）舗道でいちばん良い場所を得ようと互いに争うが、最近までジャンタル・マンタルでは好きなだけ――数週間、数カ月、数年でも――居座って抗議することが許されていた。警察や特別局〔州警察の公安部〕の悪意ある視線にさらされて、色褪せた天幕やバナーを掲げていた。人びとはまさにこの場所から、意見書を出し、抗議計画の告知を行い、無期限ハンストを企て、民主主義への信念を表明した。この場所から、国会に向かうデモ行進を試みた（とはいえ絶対に成功しない）。この場所から、人びとは希望をはぐくんだ。

ところが近年、民主主義のスケジュールが変わってしまった。今ではぴったり九時から五時の営業時間に限られている。超過時間なし。泊まり込みもなし。どんなに遠くから来ても、街に宿がなくても、六時までに出ていかなければ、強制排除される。必要なら警察が動員され、状況が手に負えなくなると、警棒や放水車も用いられる。この新しいスケジュールは、どうやら二〇一〇年にニューデリーで英連邦競技大会が滞りなく行われるよう実施されたらしい。しかし、昔のスケジュールがいずれまた戻ってくるなどと、だれも思っていない。ことの道理から言って、大英帝国を祝福するために考案されたイベントと引き換えに、わたしたちの民主主義の残り滓を犠牲にしたほうがいいのだろう。ほぼ四十万人が街から追い出されて、多くの人びとの家が破壊されたのも、おそらくごく当然のことなのだ。(3) あるいは、何十万もの露天商が最高裁の命で生計の手段を奪われ、その商売の分け前をショッピングモールが横取りすることも。(4) そして、何万という物乞いが街からつまみ出される代わりに、奴隷労働を担う十万人以上が運びこまれて、高架道路や地下鉄のトンネル、オリンピックサイズのスイミングプール、ウォームアップ場、豪華な選手宿舎を作ることも。(5)かつての帝国は姿を消したかもしれない。だが明らかに、わたしたちの昔ながらの隷属気質は、あまりに儲かる事業になってしまい、捨て去ることができないのだ。

二〇一〇年の春、わたしはジャンタル・マンタルにいた。都市の路上生活者千人ほどが国の至るところからやって来て、基本的諸権利を要求することになっていたからだ。住居への権利、食糧

（配給カード）への権利、生命（警察の蛮行や地方役人の恐喝犯罪からの保護）への権利などである。

その日は陽射しが厳しかったが、まだ快適だった。こんなこと言うなんて酷いけれど、正直なところ――抗議行動はかなり離れたところからでも臭った。千人の体から湧きたつ蓄積された悪臭。かれらは生涯とまではいかなくとも、長期にわたって人間性を剝奪され、人間の（動物にとってさえ）健康や衛生に不可欠なものまでも奪われてきた。わたしたちの大都市から出るごみでマリネにされた体、厳しい気候をしのぐ場所もなく、きれいな水やきれいな空気を得られず、衛生施設や医療にもアクセスすることができない体。この偉大な国のどの場所も、進歩的と思われているどんな計画も、どんな都市公共機関であっても、かれらを受け入れるようにはできていない。ジャワーハルラール・ネルー全国都市再生計画〔二〇〇五年に政府が着手した大規模都市近代化計画〕でも、他のスラム開発であっても、雇用保証や福祉計画であっても。それに下水設備ですらも――かれらはその上で用を足すのだから。かれらは影の人間、計画や制度に潜む裂け目のなかで生きる人びとなのである。この人たちは通りで眠り、通りで食べ、通りで愛し合い、通りで出産し、通りで強姦され、通りで野菜を切り、衣類を洗濯し、子どもを育て、生きて、死んでいく。

もしも映画が嗅覚を伴う芸術形式であったら――要するに、映画館が臭うなら――『スラムドッグ$ミリオネア』〔二〇〇八年のイギリス映画〕のような映画が、アカデミー賞を受賞することなんてないだろう。あの種の貧困が発する悪臭は、温かいポップコーンの香りと調和しない。

あの日、ジャンタル・マンタルで抗議を行っていたのは、スラム貧民《ドッグ》ですらなく、舗道に暮らす人びとだ。かれらはどういう人たちなのか。どこから来たのだろう。この人たちは「輝けるインド」〔二〇〇四年、経済発展のマーケティング・スローガンとして広められ、のちに人民党が選挙スローガンに利用〕が生んだ難民、製造過程で手に負えなくなった有毒廃液のごとく、バシャバシャとはね散らされている人びとである。農村部の赤貧状態、徐々に進む飢餓、洪水や干ばつ（その多くが人災）、鉱山、鉄鋼工場、アルミニウム精錬所、幹線道路や高速道路、独立以来建設された三千三百もの巨大ダム、そして今では経済特区（SEZ）によって移動を強いられた、推定六千万人の代表だ。一日二十ルピー以下で生活する、インドの八億三六〇〇万人の一部。何百万トンもの食料が政府の倉庫でネズミに食われるか、大量に焼却処分されているにもかかわらず（貧しい者に食料を配るより、焼却するほうが安く済むからだ）、飢えに苦しんでいる人びとである。(6) そしてかれらは、この国に何千万人もいる栄養失調の子どもたちの親だ。そのうち毎年、百五十万人が一歳の誕生日を迎える前に死んでしまう。(7) かれらは鎖で拘束された何百万もの労働者、「新しいインド」を築くために都市から都市へと移動させられる。これが「近代的発展の成果の享受」として知られていることなのだろうか。

二週間の派手なスポーツイベントに、二四〇〇億ルピー（当初の推定では四〇億ルピー）もの公金を投入する気になるような政府のことを、この人びとはどう思っているだろう。テロ、マラリア、デング熱、ニューデリーの新種のスーパーバグ〔抗生物質に耐性のある細菌〕を恐れて、世界じゅうのアスリートが多数出場を辞退しているというのに[8]。名目上は英連邦元首であるイギリス女王ですら、どんなに無責任な夢のなかでも、主宰しようとは思わないだろうに。この人びとは政治家や競技会の役員が、巨額の資金を横領して貯め込んでいることをどう思っているだろう。たいしてなにも、とわたしには思える。一日二十ルピー以下で暮らす人びとにとって、こんなスケールの金はSFのように見えるにちがいないから。たぶんそれが自分たちの金だという考えも浮かばないだろう。だからこそ、インドでは腐敗した政治家が、盗んだ金を使って選挙を買収し、権力の座に返り咲いたところで、なんの問題にもならないのだ（なのに連中は怒ったふりをして、「なぜ毛派は選挙に出馬しないのだ」などと言う）。

その快晴の日、わたしはジャンタル・マンタルに立ち、この国で人びとが行っているあらゆる闘争について思いめぐらした。ナルマダ渓谷、ポラヴァラム、アルナーチャル・プラデーシュの巨大ダムに対する闘争。オリッサ、チャッティースガル、ジャールカンドの鉱山に対する闘争。ラールガルのアーディヴァーシーたちの警察に対する闘争。国じゅうで巻き起こる、企業や経済特区のための土地収用に対する闘争。残酷な運命からただ逃れるために、人びとはどれほど長いあいだ、どんなに多くの方法で闘ってきたことか。わたしは銃を肩にかけたマーシ、ナルマダ、ルーピ、ニーティー、マングトゥ、マッダヴ、サロージャ、ラジュ、グドサ・ウセンディ、カムラ同志のことを考えた。つい最近歩いたばかりの、森の偉大な尊さに思いを馳せる。そして、バスタールのブムカル記念式典で聞いた、アーディヴァーシーのドラムのリズムを思い出す。まるでそれは、怒れる民

パラディプへの幹線道路，ケオンジャル，オリッサ州，2005 年。
赤茶けた粉塵が鼻孔と肺に入り込む。
水も赤い，空気も赤い，人びとも赤い。かれらの肺も髪も赤い。
昼も夜もひっきりなしに，トラックが喧しい音をたてて村を通る。
延々と，何千ものトラックが鉄鉱石をパラディプ港に運んでいる。
そこからこんどは中国に向けて積み出される。
中国ではそれが自動車と煙に変わり，
即席の街が突然現れ出る。

ボッドガートダムに対する抗議，ダンダカランヤ，2010年。
6,000万人以上の人びとが，
農村部の赤貧状態，徐々に進む飢餓，洪水や干ばつ，
鉱山，鉄鋼工場，アルミニウム精錬所，
幹線道路や高速道路，独立以来建設された3,300もの巨大ダム，
そして今では経済特区（SEZ）によって
移動を強いられている。

族から放たれる高まりゆく鼓動のサウンドトラックみたいだった。

わたしはワーランガルに一緒に行ったパドマのことを考えた。彼女はまだ三十代だが、階段を上る時には手すりにつかまり、体を引きずるようにして歩かないといけない。パドマは虫垂炎の手術を受けて、たった一週間後に逮捕された。そして酷く殴打されて、内出血と深刻な臓器障害を起こしてしまった。警察は彼女の膝を折って、ご丁寧にも「ジャングルで二度と歩けない」ようにしてやる、と説明したという。パドマは八年の服役を終えて釈放された。現在は「殉教者の親族と友人の委員会」を率いている。この組織は、偽遭遇戦で殺害された人たちの遺体を回収する役割を担う。パドマはアーンドラ・プラデーシュ州北部を駆け回り、見つけた乗り物ならどんな物でも利用して——たいていはトラクターなのだが——貧しさのあまり、最愛の者の遺体すら引き取りに行けない親や配偶者のために亡骸を輸送している。

自分たちの生活に変化をもたらそうと、あるいは、ほんのわずかでも正義をもたらそうと、何年も、何十年も、闘いを続ける人びとが見せる、不屈の精神、知恵、勇気は驚くべきものである。国家打倒のために闘おうと、巨大ダム建設阻止のために闘おうと、特定の鉄鋼工場や経済特区に闘いを挑もうと、重要なのは、人びとが自らの尊厳をかけて、人間らしい生活と人間らしい匂いに対する権利を求めて、闘っているということだ。かれらが闘うのは、「近代の発展の成果」が幹線道路に倒れた牛の死骸のように悪臭を放つからだ。

*

インド独立六十三周年に、マンモハン・シン首相は赤い砦〔ムガル帝国時代十七世紀の要塞〕の防弾ガラスで覆われた演台にのぼり、国民に向かって情熱のない、骨までぞっとするほど退屈なスピーチを行った。この首相のスピーチを聞いて、彼が語りかけているのは、世界第二位の経済成長率を誇る一方で、たった八州の貧困人口がサハラ以南アフリカの二十六カ国をあわせた貧困人口よりも大きい国だなんて、いったいだれが想像しただろう。[9]「あなたがた全員がインドの成功に貢献しているのです」。首相はそう言った。

われわれの国は、労働者や職人や農民の勤労のおかげで、今ある場所にまで引き上げられました。……われわれは、国民全員が参加する新しいインドを築いているのです。繁栄を遂げて、全国民が平和的かつ友好的な環境で、名誉と尊厳のある生活を送ることができるインド。いかなる問題も民主的な方法で解決できるインド。全国民の基本的諸権利が守られるインド。[10]

これをブラックユーモアなんて言う人もいるだろう。シン首相はフィンランドかスウェーデンの国民に語りかけたほうが良かったのだ。

わたしたちの首相の名高い「人徳」がスピーチ原稿に行きわたっていたのなら、こんなことを言うべきだった。

兄弟、姉妹のみなさん、この日、輝かしい過去を想起する日にご挨拶申し上げます。物価がやや上昇しつつあるのは確かですが、あなたがたは食料価格についてずっと不満を言っていますね。しかしこのように考えてみてください。あなたがた六億五〇〇〇万人以上は、農民か農業労働者として農業に従事して暮らしを立てていますが、あなたがたの勤労を総合したところで、われわれのGDPのたった一八パーセント未満にしかなりません。それで、あなたがたがどんな役に立つというのでしょう。IT部門をご覧なさい。従事するのは人口の〇・二パーセントにすぎませんが、その収益は国民所得の実に五パーセントを占めているのですよ。[11] これに敵いますか? 確かに、この国では雇用が成長に追い付いていませんが、幸いにも労働人口の六〇パーセントは自営業者です。[12] 労働人口の九〇パーセントは、インフォーマルセクターで雇用されています。[13] なるほど、かれらはなんとか年に二、三カ月職を得られるだけですが、われわれには「不完全雇用」などという区分がないため、そのへんは少し曖昧になっています。ですが、この人たちのことを記録する時に無職とするのは誤りです。それから、この国を乳児および妊産婦死亡率が世界でもっとも高い国に数えている統計のことですが、国民が一致団結して、当面のあいだ悪いニュースを見て見ぬふりするべきです。こうした問題はのちに、トリクルダウン革命のあと、医療部門が完全に民営化されたあかつきに、取り組むことができます。ですがそのうち、あなたがたがみな医療保険を買ってくれれば、と思います。もっとも急速に経済成長が進んだ時期に、ひとり当たりの食料入手可能性が事実上減少したのは、本当に単なる偶然の一致にすぎません。[14]

国民のみなさん、われわれは新しいインドを、最富裕層百人がGDPの四分の一にあたる資産を握っている新しい国を、築いているのです。[15] 富がより少ない人口に集中するほうが、つねに効率的なのです。ほら、料理人が多すぎるとスープがまずくなる、とよく言うではありませんか。われわれは、あの愛すべき億万長者、そして何百人かの百万長者、その近親者、政財界のお仲間が繁栄を遂げて、この方々の基本的諸権利が守られる平和的かつ友好的な環境で、名誉と尊厳のある生活をお送りになることを望んでいるのです。[16]

しかし民主的な方法に頼るだけでは、わたしの夢が叶うことはないとわかっています。実際に、真の民主主義は、銃身から流れ出るものだと信じるようになりました。だからこそ、軍や警察、中央予備警察隊、国境治安部隊、中央産業治安部隊、州武装警察、インド・チベット国境警察、東部国境ライフル部隊、そしてサソリ、グレーハウンド、コブラなどの部隊を出動させて、資源豊かな地域で起こっている見当違いの武装蜂起を鎮圧しているのです。

われわれの民主主義の実験は、ナガランド、マニプル、カシュミールで始まりました。繰り返すまでもなく、カシュミールはインド固有の領土です。われわれは五十万以上の兵士を動員して、この地域の人びとに民主主義をもたらしています。ここ二カ月に外出禁止令を破り、警察に投石して、命の危険を冒しているカシュミールの若者は、ラシュカレ・タイバ〔カシュミール分離独立を掲げて活動するイスラーム組織、ウルドゥー語で「正しき者の軍」の意〕の活動家ですが、本当のところ自由《アーザーディ》ではなく、仕事が欲しいだけなのです。われわれが履歴書に目を通せたかもしれないのに、悲惨にもその前に六十人が命を落としてしまいました。ですからわたしは、今後こうした心得違いの若者を撃つときには、殺さず、傷つけるだけにしなさい、と警察に指示を出しておきました。

マンモハン・シンは七年間首相の座にあって、ソニア・ガンディー〔ラジーヴ・ガンディーの妻、国民会議派総裁〕の穏和で気弱そうな下っ端、という役柄にあまんじてきた。この二十年、まず財務大臣、次に首相として、インドを現在あるような状況に陥れた「新経済政策」体制を通じて邁進してきた男の、じつに見事な変装ぶりだ。とはいえ、マンモハン・シンが下っ端でない、と言いたいのではない。ただ、シンの指令のすべてが、ソニア・ガンディーから来ているわけではないのだ。前西ベンガル州財務大臣のアショク・ミトラは自叙伝『おしゃべりの物語』で、マンモハン・シンがどのように権力の座についたのか明かしている。(17) 一九九一年、インドの外貨準備高が低下して危険な状態にあった時、P・V・ナラシンハ・ラーオ政府〔第六代首相、一九九一—九六年〕は国際通貨基金（IMF）に緊急融資の依頼を願い出た。IMFは二つの条件付きで承諾した。まず構造調整と経済改革を行うこと。そしてもうひとつは、IMFが選ぶ財務大臣を任命すること。ミトラによれば、その男こそがマンモハン・シンなのである。

シンは何年ものあいだ、水、電気、鉱物、農業、土地、通信、教育、医療、あらゆる部門の企業買収を、結果がどうなろうと熱心に推進するような連中を内閣や官僚に据えてきた。

ソニア・ガンディーと息子ラーフルは、こうしたことすべてに深く関わっている。ふたりの任務は「あわれみ・カリスマ省」を率いること、そうして選挙に勝利することだ。この親子は、一見すると急進的だが、実際には戦略的で象徴的な決定を下す（そのうえ、自らの功績にする）ことが認められており、人びとの怒りを鎮めて、大きな船が進み続けられるようにする（最新の例で言うと、ヴェーダーンタのニヤムギリのボーキサイト採掘権が取り消されたことを受けて、ラーフル・ガンディーの勝利宣言集会が開かれた。しかしこれはドングリア・コンドの人びとが、それに地域および世界各地の活動家たちが連帯して、何年にもわたり闘ってきたことの成果なのである。ラーフルは集会で、自分は先住民のために闘う「戦士」だと言い放った[18]。ところが、彼は自分の党の経済政策が、先住民の集団強制移住を前提にしているなどとは、おくびにも出さなかった。それに、近隣の残りすべてのボーキサイトの丘《ギリ》が採掘されて、地獄が生まれていたというのに、この先住民の「戦士」は顔を背けていた。ラーフル・ガンディーは善良な人かもしれない。しかし、あたかも所属政党がこういう事実になにも関係していないかのように、「ふたつのインド」――「豊かなインド」と「貧しいインド」――を語ってまわるなど、自分自身を含めてすべての人の知性を侮辱していることになる）。

片や、大衆基盤があって選挙に勝ち、民主主義の見せかけを維持する政治家、もう片や、実際に国を動かしているが、選挙に勝つ必要がないか（裁判官や官僚）、その制約から自由である（首相のような）連中。この二者のあいだに分業があるのは、民主主義の実践をものの見事に覆している。ガンディー親子が政権を担っていると想像するのは間違いだろう。本当の権力は、裁判官や官僚や政治家の少数支配者集団にわたる。そして同じく、かれらはこの国でほぼすべてを所有している少数の企業に、懸金のかかった競走馬のように走らされる。こうした連中は違う政党に属していて、大げさに政敵であるようなふりをして見せるが、それは単なる表向きのごまかしにすぎない。唯一、本物の敵対関係があるとすれば、企業間のビジネス上の対立だけだ。

この集団の上級メンバーに、P・チダンバラムがいる。ある筋によれば、野党勢力にも人気が高いので、会議派が次期選挙で敗れたとしても、引き続き内務大臣の地位に就く可能性があるという。おそらくそのほうが適切でもある。与えられた任務を終えるには、あと数年任期が必要だろうから。ただ、チダンバラムが残ろうと去ろうと、どっちでも同じだ。すでに賽の目は投げられたのだから。

二〇〇七年十月、母校ハーバード大学の講演で、チダンバラムはこの任務の概要を述べた。講義タイトルは「貧しく豊かな国々――開発の課題」(19)。彼はインド独立後の三十年を「失われた時代」と呼び、二〇〇〇年から二〇〇七年の年平均六・九パーセントの国内総生産の成長率を誇らしく語った。この発言は重要なので、魅力のない文章をたっぷり引用して、みなさんに押し付けてみよう。

経済が高成長の道を進むと、民主主義国における開発の課題は、そう手強いものではなくなるように思えたでしょう。現実はその反対です。じつのところ、民主主義こそが——というより、民主主義制度が——社会主義時代の遺産とともに、開発の問題に拍車を駆けているのです。

いくつか例を挙げてご説明しましょう。インドの鉱物資源には、世界第四位の埋蔵量を誇る石炭をはじめとして、鉄鉱石、マンガン、雲母、ボーキサイト、チタン、亜クロム酸、ダイアモンド、天然ガス、石油、石灰岩などがあります。常識からすると、こうした資源を迅速かつ効率的に採掘すべきなのは当然です。そのためには、市場原理を動かす巨大資本、能率の良い組織、政策環境が必要となります。しかし現在、鉱業部門ではこのうちどれも存在しません。こうした点で法律は時代遅れであり、議会はその周辺に手を出すことができるだけです。試掘、採掘への民間投資を呼び込もうとしても、たいていは挫折しています。この部門は事実上、州政府が掌握しています。現状の変化に反対しているのは——もっともなことではありますが——森林や環境、先住民の保護という大義を持ったグループです。それに、資源開発とは当然国家が独占して行うものと考える諸政党があり、イデオロギー上、民間部門の参入に対して異を唱えています。こうした勢力は既成の労働組合から支持を取り付けています。しかし組合の背後には、かれらが知っているかどうかわかりませんが、取引マフィアの存在があるのです。その結果どうなるか。実際の投資は低く、鉱業部門は遅々として進まず、経済の足手まといになります。

べつの例をお話ししましょう。産業を配置するには大規模な土地が必要です。鉄鋼やアルミニウムなど鉱物を基盤とする産業は、採掘、加工、製造のために巨大な土地を要します。また、空

土壌の有害物質，ダマンジョディ，オリッサ州。
オリッサ州のボーキサイト鉱床の経済価値だけとってみても，
4兆ドル（インドの国内総生産の2倍以上）。
このうち，政府が公式に得るロイヤリティは7パーセント以下だ。

有害大気，ダマンジョディ，オリッサ州。
環境維持可能な
ボーキサイトの採掘やアルミニウム精錬の方法など存在しない。
アルミニウム精錬は極度に有害なプロセスのため，
ほとんどの欧米諸国は国外に持ち出している。

港、港、ダム、発電所といったインフラ建設のプロジェクトにも、道路と鉄道の接続や付帯・補助施設などを考慮に入れると、莫大な広さの土地が必要です。これまでのところ、各州政府は土地収用権を行使して土地を確保しました。唯一問題だったのは、適切な賠償金の支払いです。しかし、状況は変わりました。どのプロジェクトにも新たな利害関係者が登場し、それぞれに要求が認められる必要があるのです。目下、検討すべき事項には、環境アセスメント、土地強制収用の根拠、適切な賠償、慰謝料、移動を強いられた人びとの生活再建と再定住、新しい居住地や農地、影響を受けた家族の雇用などがあります。

「市場原理」にもとづいて「迅速かつ効率的に」資源を採掘するなんてことは、植民地主義者が植民地で行ったこと、まさにスペインと北米が南米で行い、ヨーロッパがアフリカで行った（そして今なお行っている）ことと同じ。南アフリカでアパルトヘイト政権がやったこと。それに小さな国の傀儡独裁政権が、国民の血を流してまでやっていることだ。それは成長と発展の定式であるが、いったい他のだれかのためのものだ。同じ同じ同じ、まったく同じ話。本当にまた、あの話を蒸し返さなければならないのだろうか。

採掘権が投げ売りセールを連想するほど大慌てで発行され、詐欺が次々に起こって何十億ドルにものぼってしまった。そのうえ、鉱山会社が川を汚染し、州境を掘り起こし、生態系を破壊し、内戦を引き起こしてしまった。すると、あの集団が始めたことの帰結が、破壊された風景や貧しい者たちの身体を嘆く古い哀歌のように展開していく。

大臣が講演で、民主主義とそれに伴う義務を残念そうに語っていることに注目してみよう。「民主主義こそが――というより、民主主義制度が――社会主義時代の遺産とともに、開発問題に拍車を駆けているのです」。これに続いて、賠償と生活再建と雇用のことで、標準仕様の言い訳を並べたてる。賠償ってなに？　慰謝料ってなに？　生活再建って？「影響を受けた家族の雇用」ですって？　土地「強制収容」の「根拠」をあげる「義務がある」ということなら、もちろん大臣は知っている。強制的に先住民の土地（ここに鉱物資源の大部分が眠っている）を接収し、民間鉱山会社に引き渡すのは、パンチャーヤト（指定地区への拡張）法（PESA）のもとでは違法行為だということを。一九九六年に通過したPESAは、議会が五〇年に採択したインド憲法による先住民への不正を改善する修正条項である。そして、この条項と矛盾をきたす現行法はすべて無効になる。つまり、先住民の共同体がますます周縁化されていることを認め、パワーバランスを根底的に見直そうとする法なのだ。法律の一条項としては非常に特殊なもので、共同体――集団――を法主体とみなし、指定地区の先住民社会に自治の権利を与えている。PESAのもとでは、先住民の土地「強制収用」は決して正当化できない。だから皮肉にも、政府が憲法をなんとかして破棄しようとしているのに対して、「毛沢東主義者」と呼ばれる人びと（土地収用に抵抗している人ならだれでも）こそ、実際に憲法を維持するために戦っていることになる。

二〇〇八年から二〇〇九年にかけて、パンチャーヤト・ラージ省は、ふたりの研究者にインドのパンチャーヤト制の進展に関する報告書の一章分を執筆するよう依頼した。この章のタイトルは「PESA、左翼過激主義とガバナンス——インド先住民地区の懸案と課題」、著者はアジャイ・ダンデーカルとチトランガダ・チョウドリである。[20] 次がその抜粋だ。

一八九四年の重要な土地収用法は、今日に至るまで、PESAの規定に一致するよう修正が加えられていない。……現在のところ、この植民地時代の法は、民間企業のために個人および共同体の土地を強制収用すべく現場で広く悪用されている。いくつかのケースでは、州政府がまず企業側と重要な覚書を締結し、次に収用法を持ち出して、表向き、州営事業会社のために土地を接収するというやり方を用いる。そしてこの州営会社なるものが、土地を民間企業にリースするのである。つまり、法に認可された「公益目的の土地収用」という言葉を完全に曲解しているのだ。

……

異議を表明するグラーム・サバー〔村落の集会。パンチャーヤト制度でもっとも草の根レベルの集会〕の公式決議が無効にされて、偽造文書に置き換えられるケースもある。さらに酷いのは、事実関係が立証されたとしても、関係した役人に対して州政府はなんの措置もとっていない。その真意は明らかであり、不穏である。このような取引では多くのレベルで共謀が行われているのだ。

……

これらすべての州において、憲法第五付則の指定地区内で、先住民の土地が非先住民に売却されることは禁じられている。ところが、土地の譲渡は続いているばかりか、経済自由化以降の時代にさらに顕著になった。その主な理由として次のことが挙げられる。不正な方法を用いた譲渡、口頭の取引をもとにした記録の残らない譲渡、事実を捻じ曲げ、目的を偽って行われる譲渡、先住民の土地の強制占拠、非合法の結婚による譲渡、馴れ合い訴訟、調査時の不正確な記録、土地収用手続き、侵入地奪還の手続きをとおした譲渡、木材および林産物利用の名目、さらには福祉政策の発展の名目でなされる譲渡。

ふたりの著者の結論はこうだ。

州政府が鉱山会社をはじめとする企業側と締結した覚書は、グラーム・サバーを中心に、公的任務において再調査されるべきである。

ここにあった。厄介な活動家でもなければ、毛沢東主義者でもない。なんと政府の報告書が覚書の再調査を要求しているのだ。政府はこの資料をどうするのか。どのように応えるのか。二〇一〇年四月二十四日に、首相は公式式典でこの報告書を公表した。なんと勇敢な、と思うだろう。ところが、この章は報告書になかった。削除されていたのだ。[21]

半世紀前、ちょうど死の一年前に、チェ・ゲバラは書いている。「抑圧者側の軍隊が法に背いて権力を維持するようになると、平和はすでに破壊されていると考えられる」[22]。まさしくそのとおり。二〇〇九年、マンモハン・シンは議会で言った。「鉱物やその他貴重な資源が莫大にある重要地域で、左翼過激主義が跋扈し続けると、投資の傾向に影響が出るのは明らかである」[23]。これは密かな宣戦布告だったのだ。

（ここで少し余談を。ごく短い「ふたりのシク物語」をちょっとお話ししたい。著名な革命家でマルクス主義者のバガット・シンは、一九三一年にイギリス植民地政府によって絞首刑に処される前、パンジャーブ総督に宛てた最後の請願書でこう述べている。「インドの一般大衆と天然資源がひと握りの寄生虫に搾取されているかぎり、戦争状態が存在する、存在し続けるということをはっきりさせておきましょう。この寄生虫は純イギリス人資本主義者、イギリスとインドの混血、あるいは純インド人ですらあるかもしれない。……いずれにせよ、なにも変わりません」[24]。）

インドで起こっている数多くの闘争に注意を向けてみれば、人びとが憲法上の権利を要求しているだけにすぎないことがわかる。ところがインド政府は、もはやインド憲法を遵守する必要がないと感じている。憲法こそ、わたしたちの民主主義が依拠する法的、倫理的な枠組みになっているというのに。憲法というものは、啓蒙的文書であるはずだが、その啓蒙は人びとを保護するために使われていない。その正反対だ。国家が「公益」の名のもとますます暴力を行使する状況に、抗おうとする人びとを抑えつけるため、釘棍棒のように用いられている。最近の『アウトルック』誌の記事で、ベテランジャーナリスト、B・G・ヴァルギーズはこの棍棒を振り回し、国家と大企業を擁護している。「毛派は次第に勢力を失い、民主主義国インドとインド憲法が勝利するだろう。それには時間がかかり、痛みを伴うとしても(25)」。これに対して、アーザードは反論した（これが殺害される前に書いた最後の文章となった）。

ヴァルギーズ氏に聞きたい。いったいこの国のどこで憲法が勝利しているというのか。ダンテワダ、ビジャプル、カンケル、ナラヤンプル、ラージナンドガオンだろうか？　ジャールカンド、オリッサ？　それともラールガル、ジャンガルマハルでか。それともカシュミール峡谷？　マニプルだろうか。あなたの言う憲法は、大勢のシク教徒が殺害されてから、二十五年ものあいだどこに隠れていたのだろう。何千ものムスリムが虐殺された時にはどうか。無数の農民が自殺に追い込まれている時には？　何千もの人が、政府後援のサルヴァ・ジュドムに殺害されている時には？　アーディヴァーシーの女たちが輪姦されている時には？　人びとが制服を着用したごろつきに、ただ拉致されるときには？　あなたが言う憲法なんてものは、インド国民の大多数にとって、トイレットペーパーの価値すらもないただの紙きれだ(26)」。

アーザードが殺されたのち、数名のメディアのコメンテーターは、恥知らずにも彼が言ったことを転倒させて、犯罪を糊塗しようとした。インド憲法をトイレットペーパーと呼んだと言って、彼を非難したのである。

政府が憲法を尊重しないのなら、わたしたちは前文の改正を強く求めるべきだ。「われわれインド国民は、主権を有した社会主義的で世俗的な民主共和国を築くことを厳粛に決意する……」の部分はこの文言で置き換えられる。「われわれインドの上層カースト・階級は、企業的でヒンドゥー的な衛星国を築くことを秘密裏に決意する……」。

*

インド農村部、とりわけ先住民の暮らす中央部の反乱が、根本的な挑戦を突きつけているのは、なにも国家に対してだけではない。他の抵抗運動のあり方をも問い質している。進歩、発展とはなにか、それにまさしく文明とはなにか、という既存の概念に疑義を投げかけている。そして、さまざまな抵抗の戦略にある倫理や有効性をも問題にしている。そう、こうした問はこれまでも問われてきた。粘り強く、平和的に、来る年も来る年も、百の異なる方法で。チャッティースガル解放《ムクティ》戦線《モルチャ》〔鉱山労働者組合をもとに作られた政党〕、コーエル・カロおよびガンダマルダンの運動〔それぞれジャールカンド州のダム建設、オリッサ州の鉱山会社に対する抵抗運動〕、その他何百も存在する民衆運動によって。それをもっとも説得力をもって、おそらくもっともはっきりと問うたのは、ナルマダ渓谷のダム反対運動、ナルマダ救済運動だ。インド政府からの返答は弾圧と不正、そして、一般大衆に対する病的な侮蔑感に由来するとしか思えない不明瞭な言葉だけ。いや、それどころか、政府が強制移動と収奪のプロセスを進展、加速させてしまったため、人びとの怒りが抑えられないほど高まっている。今、世界でもっとも貧しい人びとが、もっとも金持ちの企業数社の活動をなんとか止めることに成功している。きわめて大きな勝利だ。

立ち上がった人びとは、この国が非常事態にあることを知っている。カシュミール、マニプル、ナガランド、アッサムの人びとと同じく、非合法活動（防止）法やチャッティースガル特別治安法によって、自分たちも市民権を剝脱されていることに気づいている。こうした法は言論、行動、それに意図ですら、ありとあらゆる異論を犯罪とみなすものだ。

一九七五年六月二十五日、インディラ・ガンディーが非常事態宣言を発令したのは、革命の萌芽を粉砕するためであった。当時も厳しい時代ではあったが、それでも人びとはまだ、運命に打ち勝つことを、正義を夢見ることができた。ベンガルのナクサライト蜂起はほぼ壊滅状態だった。ところが、何百万もの人びとが、ジャヤプラカーシュ・ナーラーヤンの「サムプールナ・クランティ」（全体革命）〔ガンディー主義者で元国民会議派左派のナーラーヤンが率いた社会改革および反インディラ・ガンディー政権運動〕への呼びかけに結集したのである。この大混乱の中心には、耕作者に土地を、という要求があった（当時ですら少しも変わりがない。憲法の指導原則のひとつであるというのに、土地の再分配を実施するには革命が必要だったのだ）。

三十五年後、状況は大きく変化した。「正義」という、あの気高くうつくしい概念は、どんどん削ぎ落とされて、「人権」を意味するようになった。平等なんて、今ではユートピアの空想。この言葉はわたしたちの語彙から、立ち退きにあってしまった。貧しい人びとは窮地に追い詰められて

ブムカルの民兵，ダンダカランヤ，2010年。
治安部隊はどうやったら，
怯えてジャングルを逃げまどう一般人と
毛沢東主義者を区別することができるのだろう。
何世紀ものあいだ携えてきた弓と矢を持つアーディヴァーシーも，
毛沢東主義者に数えられるのだろうか。

闘争の殉教者の写真展，ブムカル，ダンダカランヤ，2010 年。
毛主席。彼もここにいる。
たぶん，少し孤独だろう。でも確かにここにいる。
赤い幕の上に毛主席の肖像写真が掲げられている。
マルクスもいる。
それに，ナクサライト運動の創始者で，もっとも重要な理論家，
チャルー・マジュムダルも。
マジュムダルの容赦ないレトリックでは，
暴力と流血と殉教が祀り上げられ，
時に大量殺戮の表現にも似た荒々しい言葉が用いられる。
ブムカルの祝祭日に，ここでこうして立っていると，
彼の分析はこの革命の構造に不可欠であるにしても，
革命の情念や本質からは懸け離れているように思えてならない。

いる。革命勢力や抵抗運動は、土地無き者に土地を与える闘いから、人びとが今あるなけなしの土地を守る権利のための闘いにまで、目標を下げなければならなくなった。土地の再分配があるとするなら、貧しい者からぶんどった土地を金持ちに再分配することだけ——そして金持ちはその土地を、経済特区という名の不動産銀行に預けるのだ。土地無き人びと（ほとんどがダリット〔いわゆる不可触民〕）、失業者、スラムの住民、都市の労働者階級は、ほとんど考慮に入らない。ラールガルや西ベンガルのような場所では、人びとは警察と政府に、ただ放っておいてくれと頼んでいるだけだ。警察の残虐行為に対する人民委員会（PCAPA）というアーディヴァーシーの組織は、たったひとつの素朴な要求から始まった。ただ警察署長がラールガルに出向き、村人たちに対して部下が犯した残虐行為を謝罪して欲しかったのだ。だが、この要求は、とんでもないと考えられた（半裸の野蛮人どもは、政府のお役人が頭を下げるとでも思っているのか、というわけ）。それで人びとは村にバリケードを張り巡らせて、警察をなかに入れるのを拒んだ。警察の暴力は加速した。人びとは怒り狂って反撃した。それから二年が経ち、おぞましい強姦、殺人、偽遭遇戦が多発し、今や全面戦争の状態になっている。PCAPAは非合法化され、毛派の団体と呼ばれている。指導者たちは投獄されるか、射殺された（オリッサ州ナラヤンパトナのアーディヴァーシー農民労働者組合、ジャールカンド州ポトカの反強制移住統一運動にも、同様の運命が降りかかった）。

かつて正義と平等を夢見て、果敢にも耕作者に土地を、と要求した人びとが、警察に対して暴力・傷害行為の謝罪を求めるまで落ちぶれてしまった。これが前進と言えるだろうか。

非常事態期に、メディアはガンディー夫人に折れろと要求されると這いつくばる、などと言われていた。だが、あのころはまだ、全国紙ですら大胆にも白紙の社説を出して、検閲に抗議したものだった（皮肉のなかの皮肉は、その大胆な編集者のひとりがB・G・ヴァルギーズだったこと）。現在はというと、布告なしの非常事態、抵抗の声をあげられる見通しがほとんどない。というのも、メディアこそ政府だから。メディアを支配する大企業以外には、だれも指図することなんてできない。ベテラン政治家、大臣、治安当局の役人たちは、テレビ出演を競って、日々の説教に割って入れるよう、弱々しくニュースキャスターたちに請うたりする。テレビ局や新聞数社など、あけすけにグリーンハント作戦の戦略会議に関わり、その情報操作キャンペーンを担っている。たとえば複数の新聞に「千五百クローレ〔一クローレは一千万ルピー〕の毛派産業」という、うりふたつの記事が異なる記者の署名入りで掲載された[27]。ほぼすべてのテレビ局と新聞は、二〇一〇年五月、西ベンガル州ジョルグラムで鉄道が脱線し、百五十人が犠牲になった恐ろしい事故を、PCAPA（「毛派」と互換で使われる）の犯行として非難した。重要容疑者ふたりが「遭遇戦」で警察に射殺されたが、事故にまつわる謎はまだ完全には明らかになっていない。インドPTI通信は事実無根の話をいくつか流し、『インディアン・エクスプレス』紙はそれを忠実に広めた。なかには、毛派は殺した警察官の死体を切断した、という内容もあった[28]（のちに警察が自らこの報道内容を否定したが、切手ほどの小さい記事が中ほどのページに埋もれて掲載されただけだ）。さらに、まったく同じインタビュー記事が、すべて「本紙独占」とされて世に出ている。女性ゲリラ兵が毛派指導者たちに繰り返し強姦された、というものだ(29)。彼女は森を抜け、毛派の魔の手から逃げ出して、自分の経験を語ったことになっていたが、なんとこの間、何カ月も警察に拘留されていた事実が判明した。

テレビ画面から残虐行為の分析がなりたてられるのは、鏡を曇らせて、わたしたちがこんなふうに考えるようせきたてる目論見だ。「そのとおり、先住民は蔑ろにされて、酷い目にあっている。そう、かれらには開発が必要だ。そう、みんな政府が悪い、きわめて遺憾なことだ。でも今は危機に直面している。毛派を厄介払いして土地を確保すると、先住民を手助けできる」。

戦争が近づいてくると、軍部も軍独自のやり方で、わたしたちの頭を混乱させる任務に取りかかっていることを発表した。二〇一〇年六月、二つの「作戦ドクトリン」なるものが公表される(30)。ひとつは陸・空軍作戦の合同ドクトリン。もうひとつは、軍事心理作戦に関するドクトリンだ。つまり「ターゲットを選び出し、望ましい態度と行動に導くメッセージの発信が行われるプロセスであり、国家の政治的・軍事的目標の達成に影響を及ぼす」作戦である。くわえて、「このドクトリンはとりわけ、誤った方向へ導かれた住民を主流の思考法に引き込む必要がある国内状況において、準正規型作戦での認識操作に関する行動指針も提示している」。インドPTI通信によれば、「軍事心理作戦は政策・計画・施行文書であり、軍部が利用できるメディアを有効に使って、作戦の成功を促す状況を作ることがねらい」とのことだ。

その一カ月後、毛派活動地域の州首相が集まり、戦争を拡大する決定が下された。インド予備部隊の百五部隊に三十六部隊が追加され、三万の特別警察官（警察機能を請け負った武装民間人）には一万六千人増員された。内務大臣は、今後五年間で八十万人の警察官を雇用する約束をした(31)(これぞ見事な雇用保障計画のモデル。住民の半分を雇い入れて、残り半分を撃つように仕向けるのだから。それにお望みなら、この割合をいじることだってできる)。

数日後、陸軍参謀長が上級将校たちに言った。「毛派との戦いに入る精神的な備えをしておくよう。……六カ月、一年、いや二年になるかもしれない。しかしわれわれが、国家の道具として任務を全うすべきなら、国民の望みを引き受ける必要があるだろう(32)」。

八月には移り気だった空軍が、ふたたび攻撃姿勢になっていると各紙で報じられた。『ヒンドゥスタン・タイムズ』紙によれば、「IAF［インド空軍］は反毛派作戦で、自衛のために発砲できる(33)」。さらに、匿名の情報提供者がインド・アジア通信社にこう語っている。「許可は下りたが、厳しい条件付きだ。ロケット弾やヘリコプター搭載銃を使用できないうえ、攻撃された場合にしか応戦できない。……このため、われわれはガルド（IAFコマンド）のヘリに機関銃を装備した」。それはひと安心。ヘリ搭載銃は禁止で、ヘリに装備した機関銃だけだなんて。

「六カ月、一年、いや二年」というのは、おそらくビラースプルの部隊司令部やラージナンドガオンの空軍基地で準備に要する時間だ。おそらくそのころには、政府は民主主義の精神を大いに表して、マニプル、ナガランド、アッサム、カシュミールで人びとの怒りに屈し、AFSPA、すなわち軍事特別法（下士官に容疑だけで殺害を許可する）［「騒擾地域」における治安維持に関して軍の特権を認めた法］を撤回しているかもしれない。拍手喝采がおさまり、祝賀ムードが弱まってくると、内務大臣が示唆したように、AFSPAはジーヴァン・レッディ報告〔政府の命を受けて、レッディ元最高裁判事を中心とする委員会が軍事特別法を「人道」面から検証し直し、〇五年に提出した報告〕に沿って、（もっと人道的に見せかけて、もっと破壊的なものになるよう）練り直されるだろう。[34] そうすれば、新しい名前で全国に公表することができる。たぶんそれは「国民」が望むことを実行するため、軍部が必要とする免責を約束するものだ――インド各地で、自らの生存そのものをかけて戦っている、最貧困層の人びとに対して出動するために。[35]

カムラ同志は、そんなふうにして死ぬのかもしれない。武装ヘリ、軍事訓練ジェット機をピストルで撃墜しようとしている時に。あるいは、そのころには、政府の兵器庫か殺された警官から奪ったAK47や軽機関銃で武装するほど、昇進しているかもしれない。そのころには、「軍部が利用できる」メディアが、彼女の死のニュースを落ち着いて受けとめるよう、「誤った方向へ導かれ」続けるわたしたちの認識を「操作」しているかもしれない。

インドという国は、あの民主主義の栄光につつまれて、もっとも貧しい国民を略奪し、飢えさせ、包囲してきたうえ、この期におよんで「自衛」と称し、空軍を差し向けているのだ。自衛。そう、グリーンハント作戦だって、「アカの団体」が奪った土地を貧しき人びとに取り戻そうとしている政府が、「自衛」目的で実行している。

政府が和平交渉をちらつかせ、深海魚を海面におびき寄せたうえで殺そうとしているのだとしたら、そんな和平交渉なんかに未来はあるのだろうか。どちらの側も本当に和平に関心があるのだろうか。確かに、毛派は本当に平和や正義に関心があるのか、とよく言われる。だが、現行のシステムのなかで、国家打倒という毛派が公言する目標を撤回させられるものが、そもそもあるのだろうか。おそらく、そんなものはない。毛派は今のシステムでは正義がもたらされない、と考えている。重要なのは、かれらに賛同しようとする人がますます増え続けていることだ。もしわたしたちの暮らす社会が、本物の民主主義を推進する力を持ち、ごく普通の人びとが、少なくとも正義を望むことができるのだったら、毛派は取るに足らない小さな活動家集団で、人びとの支持を得ることはほとんどなかっただろう。

べつの見方では、毛派が停戦を望むのは、一旦落着きを取り戻し、時間をかけて形勢を立て直そうとしているからだ、と言われる。これについて、アーザードはインタビューで驚くほど率直に語っている。「どちらの側も停戦状況を利用して立て直そうとする。このことを理解するのに、それほど常識も必要としない」(36)。続けて彼が説明したのは、たとえ一時的なものであっても、停戦になれば、交戦地帯にとらわれた一般の人びともひと息つくことができる、ということだ。

ところが政府ときたら、なんとしてもこの戦争を必要としている（経済紙を読んで、どれほど必死なのか見てほしい）。世界のビジネス界は、背に穴が開くほど注視している。だから首尾よく、しかもすばやく、やり遂げなければ。インド政府は化けの皮が剝がれないように、交渉を持ちかけては破綻させる、ということを繰り返さなければならない。アーザードを消したのは大きな勝利だ。危険なほど理性的に響きだした声を圧殺したのだから。少なくともさしあたっては、和平交渉を首尾よく頓挫させることができた。

和平交渉にまつわる話では、いくらでもシニカルになれる。ただ、わたしたち一般人が留意すべきは、和平交渉がなければ戦争がエスカレートしてしまう、ということだ。

＊

政府はこの二、三カ月のあいだで、数万規模の重武装した準軍事部隊を森に投入している。毛派は激しい攻撃と奇襲を繰り返して応戦した。二百人以上の警官が命を落とした[37]。森から死体がどんどん運び出されてくる。国旗にくるまれた警官の死体。手首と足首を竹の棒に縛り付けられて、まるで狩の戦利品のごとく晒される毛派の死体。銃弾だらけの死体、待ち伏せ攻撃、斬首刑、即時処刑に遭って、ばらばらになり、もはや人間とは思えない死体（森のなかで埋められた死体については、なんの情報もない）。戦争の舞台は遮断され、活動家やジャーナリストに閉ざされている。だから死者の数は不明のままだ。

二〇一〇年四月六日、ダンテワダ最大規模のストが起きるなか、毛派の人民解放ゲリラ軍（PLGA）は、中央予備警察隊（CRPF）に待ち伏せ攻撃を仕掛け、七十六名の警官を殺害した[38]。党は冷やかに勝利宣言を行った[39]。テレビは、放送価値があるものはなんでも、悲劇として利用した。国民は殺戮を非難するよう呼びかけられた。でも、わたしたちの多くは心の準備ができていない。殺しを称揚しているのでも、みんな毛派だからということでもない。グリーンハント作戦について、厄介で複雑な意見を持っているからだ。急成長する非難産業の株を購入しなければ、「テロリストシンパ」と名指されて、指名手配犯のように写真が繰り返しテレビに映し出されてしまう。

ＣＲＰＦの部隊はなにをしていたのだろう。ＡＫ47を二十一本、ＩＮＳＡＳライフル三十八本、自動装塡ライフル七本、軽機関銃六本、ステン短機関銃一本、二インチ迫撃砲を一つ携えて、先住民の村々を巡回していただけ、とでも？(40) そんな質問をするだけで、裏切り行為にも匹敵した。

待ち伏せ攻撃から数日後、わたしはデリーのとある駐車場で、偶然にもふたりの準軍事部隊の隊員が、他のドライバーたちとおしゃべりをしている場に出くわした。ＶＩＰがレストランやジム、あるいはホテルから退出するのを待っていたのだろう。かれらの口からは、現在起こっていることについて、悲しみも、愛国心も語られない。ただ決算のことだけ。バランスシートの話。準軍事部隊で仕事にありつけるには、何十万ルピーの賄賂が必要だとか、ほとんどの家族がその賄賂を支払うのに借金まみれになっている、などと話していたのだ。しかしこんな借金をしても、たとえば、準軍事組織の隊員《ジャワン》の惨めな報酬で返済できるわけがない。返済したいのなら、インドの警察官を真似るしかない――人びとを強請り、脅し、みかじめ料を取り、賄賂を要求し、闇取引に手を染めて（ダンテワダでは、村人から略奪し、現金や宝飾品を盗む）。ところが、男が不慮の死を遂げてしまうと、家族は借金を抱えたままあとに残される。駐車場で聞こえた男たちの怒りは、賄賂でしこたま稼いだあげく、平気で若者を死に追いやる政府や警察幹部に向けられていた。かれらにしてみれば、四月六日の攻撃の犠牲者に対する多額の賠償金支払いが発表されたのも、ただスキャンダルの

農産物品評会で鉱山ユートピアを宣伝する発泡スチロールの人形。
わたしたちは，
民主主義が自らの手足に喰いつこうとしているのを目の当たりにしている。
だが，その手足は喰われるのを拒否している。

影響を和らげるためとわかっていた。この下劣な戦争で命を落とす警官全員が対象にならないのは、歴然としていたのである。

それなら、戦場からのニュースで、CRPFの男たちが次第に巡回を嫌がり始めている、と伝えられるのも肯ける。隊員たちが行ってもない巡回をでっちあげて、毎日の業務日誌を埋めている、との報告もある。(41) おそらく、自分たちはただ軍服を着ただけの貧乏なクズ、金持ちの戦争の使い捨て要因でしかない、と気付き始めているのだろう。かれらが死んだところで、代りなどいくらでも控えているのだから。

二〇一〇年五月十七日、ダンテワダでべつの大きな作戦があり、毛派はバスを爆破して、四十四人の死者を出した。(42) うち十八人は特別警察官とあの恐ろしい政府後援の民兵組織、サルヴァ・ジュドムの隊員だった。衝激的なのは、残りの犠牲者が一般人で、大半がアーディヴァーシーだったことだ。毛派は民間人を犠牲にしてしまったことで、形式的に遺憾の意を表明したが、その態度はまるで、政府が決まって行う「巻き添え被害」の弁明を模倣したかのようだった。

毛派は八月の終わりにビハール州で警官四人を誘拐し、上層幹部数名の釈放を要求した。この誘拐劇が始まって数日経過したころ、人質のひとり、ルカス・テテというアーディヴァーシーの警官が殺害された。(43) その二日後、残り三人が釈放される。(44) しかし、かれらは拘束中の人質を殺害して、またもや自らの大義を傷つけてしまった。このことも、戦場から想像するような「革命的暴力」が持つ倫理の二面性を表している。――戦略が正義に勝り、世界をますます悪い方向に導いてしまうのだ。

解説者や論客のほとんどは、毛派がダンテワダで民間人を殺害したことに胸を痛めても、バスが爆破されたのとちょうど同じころ、オリッサ州のカリンガナガル、ジャールカンド州のバリテュタやポトコで警察が複数の村を包囲して、タータージンダルやポスコ（ポハン総合製鉄〔韓国系の製鉄会社〕）による土地収用に抵抗する何千という人びとに向かって発砲していたことを指摘しない。今でも包囲は続いている。警察の非常線があるため、負傷者がいても病院に運べない。ユーチューブにアップされたビデオを見ると、ひと固まりになった何百人もの武装機動隊が、ごく普通の村人たちに——なかには弓矢を持っている者もいる——詰め寄られている。

一般の人びとにとって、グリーンハント作戦で唯一良い点があるとしたら、物事の白黒がはっきりしたことだ。村では子どもたちでさえも、警察が「企業」の手先で、グリーンハント作戦が対毛派戦争ではないことを知っている。この戦争の敵は、貧しい人びとだということを。

今起こっているのは、決して些細なことなどではない。わたしたちは、民主主義が自らに牙をむいて手足に喰いつこうとしているのを目の当たりにしている。そして、信じられない思いで、その手足が喰われるのを拒否しているようすを目の当たりにしているのだ。

＊

現在進行中の抵抗運動には、さまざまな政治グループが関わっているが、とかく物議をかもしているのはＣＰＩ（毛沢東主義派）である。いちばんわかりやすい理由は、革命への唯一の道として、あけすけに武装闘争を掲げていることだろう。スマンタ・バネルジーの『ナクサルバリのあとで』は、もっとも包括的に毛派の活動を描いた著作だ。(45) この本では、初期のナクサライトが、向こう見ずにも「階級の敵を殲滅」して、大衆の自発的蜂起を期待し、インド革命の活性化を試みたことが記録されている。中国の外交政策に歩調を合わせようとして、あらゆる捻じれが生じたこと、州をまたいでどのように闘争が拡大していったか、そしてどのようにナクサライト運動が残酷に粉砕されたか、ということも明らかにされている。

正統派左翼とリベラル知識人がＣＰＩ（毛派）に向ける怒りの奥底には、自分たち自身への不安とともに、不可解で、神秘的ですらあるが、インド政府を庇おうとする心情が潜んでいる。まるで、革命の可能性が真に迫っている状況を目にしながら、尻込みでもしているかのようだ。なにか理由を見つけては、顔をそむける。この二十五年間、たとえばナルマダ救済運動のような団体を支援したこともなく、国内にあまた存在する平和的な運動に連帯して、デモ行進すらしたこともないような政治勢力や個人が、いつしか、非暴力とガンディーのサティヤーグラハ〔「真実を掴むこと」の意、非暴力抵抗運動の理念〕の美徳をもてはやすようになった。それにひきかえ、こうした闘争に身を投じる人びとは、毛派のやり方に断固として反対しているかもしれないが――警戒しているばかりか、憤ってさえいるかもしれない――、毛派も同じ抵抗をともに担っていると考えている。

だれが毛派をより疎んじているのか、というのはなんとも言い難い。インド政府、国家戦略の専門家集団、はてまた、無意識的に右派の中産階級なのか。それとも、インド共産党（CPI）、CPMと呼ばれるインド共産党（マルクス主義派）、もとはマルクス＝レーニン主義政党だった諸分派、あるいはリベラル左派だろうか。そもそもこの議論は呼称から始まる。より「正統派」の共産主義者たちは、「毛沢東主義」を「主義」などと思ってもいない。逆に、毛派は主流の共産党を「社会ファシズム」〔社会民主主義をファシズムと同一視した一九三〇年代初期のコミンテルンの見解〕と呼び、「経済主義的」だと――要するに、革命の展望を放棄しつつあると――非難する。

どの党派も、われこそが正真正銘の革命的マルクス主義政党、もしくは政治組織だと信じて疑わない。そして、共産主義理論の解釈を誤り、歴史を誤解している、と互いになじり合う。いずれのグループにも正式に属していない人であれば、どの見解も完全に間違っているとか、正しいとかいうわけではないことがわかるだろう。だが、宗派対立にも似た悲惨な分裂は、共産党諸派がそれぞれ要請する路線に厳格に従うことで、当然のごとく生じてしまう。だからこそ、ロシア革命や中国革命、レーニンやトロツキーやスターリンが巻き起こした大論争、そして毛語録にまで遡るような舌戦にはまりこみ、ありとあらゆる罵詈雑言の応酬になる。どの党派も「マルクス＝レーニン＝毛沢東主義思想」を「誤用」している、と罵り合い、まるで間違った個所に軟膏を塗りつけた、などと非難合戦をしているみたいだ〔先のわたしのエッセイ「同志たちと歩く」が、ちょうどこの論争の飛び交うルートに降り立ってしまった。いろいろとしかるべき愉快な罵りを受けたので、それ自体で冊子が作れそうだ〕。

インドの共産主義の諸党派は、選挙政治に参入すべきかどうか、という議論のほかに、この国では革命の機が熟しているのかどうか、という解釈についても激しく争っている。かつて毛沢東が告げたように、広野で火が広がる状態なのだろうか。それとも湿気のために、火花がついても燃え上がることはないのだろうか〔一九三〇年一月五日付、林彪宛ての通信文、「小さな火花も広野を焼きつくす」のこと〕。厄介なのは、インドが数世紀を同時に生きているような状態にあるので、広野、すなわち、あたり一面に広がる平原というたとえでは、おそらくインドの社会・政治状況を言い当てることができない。それよりも、雑然とした場所《ウォーレン》という比喩のほうが、しっくりくるのではないだろうか。革命のタイミングについては、たぶん意見が一致することはない。だから、みなそれぞれ、自分のドラムのリズムにあわせて前進する。CPIとCPMは、言うなれば、革命を来生にまで延期してしまった。ナクサライト運動の生みの親、チャルー・マジュムダルにとっては、三十年前に起こるはずだった。ところが、現在の毛派書記長、ガナパティによれば、だいたい五十年後を見据えているとのことだ。

ナクサルバリの蜂起から四十年経った今でも、議会左翼が毛派に向ける非難は、あいかわらずのものである。レーニンの言う「左翼小児病」〔一九二〇年「共産主義における「左翼」小児病」〕をわずらっている、大衆政治を軍事主義にすり替えている、真の革命主体であるプロレタリアートを形成する努力を怠っている、などと責められ続けている。都市労働者階級を軽視し、硬直したイデオロギーを持つ集団であり、ジャングルに暮らす「素朴な」（つまり「未開の」）先住民――「正統派」

マルクス主義の見解では、革命を起こす潜在力のない人びと――の背に乗ったカエルにすぎない、と見られているのだ（そもそもここは、人民がまず賃金労働者になって、集中型産業システムの奴隷にならないと革命的主体とはみなされない、というような見解を議論する場ではないけれど）。

毛派は都市労働者階級の運動やダリットの運動、森の外の農民や農業労働者の苦境に無関係である、との誹りを受けているが、これはあながち間違ってはいない。毛派の軍事偏重の戦略は、森の保護がないような場所では、まずもってうまくいかないはずだ。しかし同じように言えるのは、主要共産党諸派は党のイデオロギーを大幅に譲歩してまで、なんとか政治の主流に生き残っているが、そのために、ほかのブルジョア政党との違いがほとんどわからなくなっている。小さな党派がなんとかまだ妥協せずにいられるのは、だれにとっても脅威にならないからとも言える。

ブルジョア政党としてどれほど欠点や功績があるのかはさておき、もはや「革命的」という語をCPIやCPMに結びつける人はほとんどいない（CPIはオリッサ州で、ポスコの工場に対する反対運動を行っている。とはいえ、工場の移転を要求するにとどまっている）。自分たちの選んだ勢力範囲でも、どれほどプロレタリアートを代表すると言ったところで、大きく貢献しているとは言いがたい。ケーララ州や西ベンガル州にある古くからの本拠地以外には――実はこの二州でも力を失いつつあるのだが――、都市部、農村部、森林、平野、この国のどこに行っても存在感はほとんどない〔CPIとCPMはこの二州でそれぞれ三十年ほど政権を掌握していた左翼戦線に参加〕。かれらは労働組合を酷使してきた。だが、大量解雇を防ぐこともできず、機械化と新経済政策が引き金となって、フォーマルセクターの労働力が事実上解体されても阻止できなかった。そのうえ、労働者の権利が計画的に奪われていっても、止めることができていない。アーディヴァーシーやダリットの共同体からは、すっかり乖離してしまった。ケーララでは、他の政党よりも良くやっていると評価する人が多くても、西ベンガルでは三十年間にもおよぶ「統治」の結果、州がまるごと荒廃してしまった。かつてナンディグラムとシングールで弾圧を行い、今はジャンガルマハルのアーディヴァーシーに矛先を向けている。そのせいで、かれらは数年ほど政権から追われることになるだろう（と言っても、トリナムール会議派のママタ・バネルジーが、人びとの希望を託せるような器ではない、と判明するまでのことだが〔トリナムール会議派は西ベンガル州を拠点とする政党で、九七年に国民会議派を追われたバネルジーを党首に結成された。二〇一一年より西ベンガル州政権党。正式名は全インド草の根会議派〕）。しかし、かれらの罪をどれほど多く並べても、主流の共産党諸派が消滅してしまうのは、決して喜ばしいことではない――せめてもっと精力的な、本当の意味での左翼運動が新たに起こって、道を空けわたす時が来るまでは。

毛沢東主義派（過去現在のさまざまな化身）は、異なる政治の道を歩んできた。必要ならば暴力を用いてでも、土地の再分配を行うことは、つねにかれらの政治活動の中心課題であった。こうした努力は、結局まったく成果を挙げられていない。だが、かれらが武力介入することで、――何千もの幹部、それにごく普通の人びとが命を落とすことになったが――インド社会に深く根差す構造的な不平等に一筋の光が投げかけられた。ある意味では、ナクサルバリ蜂起の先駆けとなったテランガーナ闘争〔四六年から五一年のテランガーナ地方の農民武装闘争。大地主を追放、土地の再分配、強制労働の廃止などを実現した。五一年政府軍により鎮圧〕の時代から、毛沢東主義運動は、どんなに欠陥があろうと、他のことはともかく、インドでもっとも抑圧された共同体のなかに、搾取を憤り、尊厳を求める声を呼び覚ますことになった。たとえば、西ベンガルではバルガ〔刈分小作〕作戦〔七八年から八〇年代半ばに実施された、刈分小作の登録および小作料低減政策〕が生み出され、その成功にはおよばないが、アーンドラ・プラデーシュでは、州政府の面目をつぶして、農地改革を実施させた。今日でも、首相が先住民地域の「不均衡な発展」や「搾取」をさんざん語ったり、政府の計画で森林共同運営基金を森林局から直接、村落《グラーム》パンチャーヤトに移譲させたり、国家計画委員会が先住民の発展に対する千四百億ルピーの割り当てを告知したりするのは、心からの懸念があるからではない。あくまで毛派の「脅威」を抑える戦略として行われる。(48) もしこうした基金が、仲介人に吸い上げられずに、結果としてアーディヴァーシーの共同体の利益となるのであれば、確かにこの「脅威」もある程度真実味を帯びるはずだ。だが興味深いことに、毛派は事実上、森の外では政治的にほとんどなんの力も持っていないというのに、人びとの想像力には影響をおよぼしている。政府の脅迫や嫌がらせから貧しい者を守っているグループとして、いっそうの共感を呼んでいるのだ。グリーンハント作戦が「準正規」戦を超えて全面戦争と化し、一般のアーディヴァーシーの犠牲者が大量に出始めたりすれば、その共感が予想もできないかたちで燃え上がることだってありうる。

毛派に向けられるもっとも深刻な非難で、指導層が影響力を維持しようとして、人びとを貧困で無知の状態にとどめおきたがっている、というものがある。こういう悪口をばらまく人たちは、毛派はダンダカランヤのような場所で三十年も活動しているのに、いまだに学校も診療所もない、どうして治水用小ダムもなく、高度な農業も実現されてないのか、なぜ人びとはいまだにマラリアや栄養失調で死んでいるのか、などと言ったりする。いい質問だ。しかし、非合法の組織というものが、現実にどういうことを意味するのかがわかっていない。組織のメンバーであれば、医者であろうと教師であろうと、いつなん時撃ち殺されてもおかしくないのだ。そんな制約がなにもないインド政府に、同じ質問をぶつけてみたほうがもっと有益だろう。どうして毛派であふれかえる先住民地域では、学校も病院も小ダムもないのか。なぜチャッティースガルの人びとは、あれほど酷い栄養失調に——人体の免疫システムにおよぼす影響のために、医者が「栄養学上のエイズ」と呼ぶほどだ——苦しんでいるのだろうか。アジャイ・ダンデーカルとチトランガダ・チョウドリ（ちなみに毛派をまったく支持しておらず、党のイデオロギーを「残酷で冷笑的」と言っている）は、削除されたパンチャーヤト・ラージ省報告の一章で、このように述べている。

つまり現在毛派は、パンチャーヤト法（PESA）適応地域で、二重の影響をおよぼしている。まず銃を手にして、村、ブロック、地区レベルの行政に恐怖をもたらす。その結果、一般の村人たちが、PESAのような保護法が軽視されたり、破られたりして、なすすべもなくいる状態に陥ることを阻止している。たとえば、タラティ〔村落レベルの税務官〕が森林権利法のもとに課された義務を履行するのと引き換えに、賄賂を要求したり、商人が搾取的なレートで林産物の支払いをしたり、あるいは下請け業者が最低賃金を破ったりすることに警告を発している。さらに、党は膨大な量にのぼる農村開発の仕事をこなしている。ダンダカランヤ地域では、灌漑用溜池、集水農法システム、農地保全作業のために共同作業への動員が行われた。村人たちの証言によれば、確かに収穫が増大し、食糧確保の状況は改善された、とのことである。

『エコノミック・ポリティカル・ウィークリー』誌に最近掲載された、コスタヴ・バネルジーとパルタ・サーハーの論考では、オリッサ、チャッティースガル、ジャールカンド各州で毛派の影響下にある二百地区における全国農村雇用保障法（NREGA）の役割が実証的に分析されている。

フィールド調査から、毛派が開発計画を妨害しているという非難には、どうやらほとんど根拠がないことが判明した。事実、NREGAに関して言えば、バスタールでは他の地域よりもうまくいっているように見える。……くわえて、最低賃金が実施されたのも、もとはと言えば当該地域で毛派が率いた賃金闘争に由来する。明確な成果としては、ほとんどの毛派活動地域で、テンドゥ収穫の賃金が二倍になったことも判明した。……さらに、毛派は社会監査の実施を後押ししている。それがインドで前例のない、新しい民主主義の実践を生み出す推進力となるからだ。(47)

毛派をめぐる論争でよくあるのだが、あのいつも恩着せがましい態度で、「大衆」――この場合はアーディヴァーシー――が持ち出され、一握りの邪悪な「よそ者」に操られた間抜けな集団という役回りが押し付けられる。毛派叩きで有名な、とある大学教授は、党の指導者たちを憐れなアーディヴァーシーにたかって食い物にしている連中、と罵った。(48)某教授は自分の言い分を補強するために、発展のないダンダカランヤの状況とケーララの成功例を比較している。それに非アーディヴァーシーの指導者を「安全に森に隠れている」と、臆病者呼ばわりしたあげく、アーディヴァーシーの毛派ゲリラや村の民兵に、（教授自ら選りすぐった）中産階級のガンディー主義活動家の前に平伏すよう求めているのだ。非アーディヴァーシーの指導層が戦争犯罪で裁かれるよう主張してもいる。ところが、なぜ非アーディヴァーシーのガンディー主義者は良くて、毛沢東主義者が駄目なのかということには触れていない。こんなふうに、ごく普通の人びとにも自ら可能性を考えて、決断する能力があることを認めようとしない態度には、非常に不穏なものが感じられる。

たとえばオリッサ州では、さまざまな闘争を展開する非武装抵抗運動がいくつもあるが、相互に著しい違いが見られる場合も多い。しかしすべての運動体で力をあわせて、一時的にではあっても、なんとか大企業のプロジェクトの進行を阻止することに成功した。カリンガナガルのタータ、ジャガトシンプルのポスコ、ニヤムギリのヴェーダーンタなどがそうだ。バスタールでは毛派が領域を統制し、防御も十分に行き届いているが、オリッサはおおむね、毛派の分隊が通過する場所でしかない。だが、治安部隊が非暴力運動を包囲し、弾圧を強めると、地域の人びとは毛派を闘争に巻き込むこととの是非を真剣に考える必要が出てくる。毛派の武装部隊がとどまって、政府の弾圧と戦うことになると、必然的に毛派の「実戦」形式がとられるのだろうか。それとも武装部隊は後退し、非武装の民間人が警察の暴力と向き合うことになるのか。誤って毛派のレッテルを貼られた活動家や一般の人たちは、すでに獄中にいる。多くの人が冷酷に殺害された。しかし、非武装抵抗運動とCPI（毛派）のあいだでは、いまだに張りつめた、ぎこちないダンスが続いている。時には、党が無責任な行動に出て、一般人に恐ろしい被害がおよぶこともあった。二〇〇八年、毛派はカンダマル地区で、世界ヒンドゥー協会の指導者、ラクシュマナナンダ・サラスワティを射殺した。ちなみにこれは、先住民に改宗を説いて回り、かれらを「ヒンドゥーに連れ戻」そうとしているファシスト団体である。(49)こののち、ヒンドゥーに「戻った」ばかりの怒れるカンダー人たちは、暴れまわるよう焚きつけられた。結果、四百にものぼる村が、反キリスト教暴動で激震することになる。アーディヴァーシーもダリットも、キリスト教徒が大勢殺され、二百以上の教会が焼かれた。何万ものキリスト教徒は家を追われてしまった。それから二年経っても、ほとんどの人が帰還できていない。それに何千という人びとが赤貧状態に陥り、生きるための手段を求めて近隣の町に移動し、いつものように、女性たちが最大の被害を受けている。ヒンドゥー・ファシストはこの地域の支配を強めた。連中はアーディヴァーシーとダリットの分断を最大限に利用して、キリスト教からヒンドゥーへの改宗を無理強いしている。一方、コラプト地区ナラヤンパトナでは、状況が少し違う。警察が毛派の「組織」と呼ぶ、アーディヴァーシー農民労働者組合は、地元の金貸しや酒業者

アルミニウム製錬所のアーディヴァーシー賃金労働者，オリッサ州。
鉱山会社が川を汚染し，州境を掘り起こし，
生態系を破壊し，内戦を引き起こしてしまった。
すると，その帰結が，
破壊された風景や貧しい者たちの身体を嘆く
古い哀歌のように展開していく。

産業廃棄物，ケオンジャル，オリッサ州。
ひどく道を誤った世界を想像し直すには，
まず異なる想像力を持つ人びとが消滅してしまうのを止めなければいけない。
それは資本主義でも，社会主義でもない想像力。
なにが幸福や満足感なのかということを，まったく違うかたちで考える想像力。
この哲学的なスペースを得るには，
過去の守り手のように見えても，
本当のところ，未来の導き手となりうる人びとが生存できる
物理的なスペースを明け渡さなければならない。
そのためにも，わたしたちは支配者に言うべきだ。
川の水を，森の木を，そっとしておいてくれませんか。
山のボーキサイトをそのままにしてくれませんか。

が不法収用した土地をアーディヴァーシーに取り戻そうと戦っている。ところが、あらゆる政治団体のあいだで深刻な内紛が起こっているうえ、地域は警察の襲撃で動揺をきたし、何百人ものアーディヴァーシーがコラプトの牢獄にぶちこまれ、何千人もが森で暮らす事態になっている。二〇〇九年六月、毛派は地雷を爆発させて、オリッサ州警察の十名を殺害した。州政府はそれを口実にして、村々に中央予備警察隊を配備し、徹底捜査を始めた。にもかかわらず、いつくかの報告によれば、運動はますます過激になり、何千ものアーディヴァーシーが結集し、治安部隊の目と鼻の先で、奪還した土地を協力して耕しているという。インドではおなじみの話だ。武装抵抗がなければ、貧しき者はこてんぱんにやられてしまう。そして、抵抗運動が成果をあげ始めると、すぐに政府はありったけの軍事力を投入して、一気に攻め込んでくる。

こんな状況下で暮らす人びとには、生易しい選択などない。もちろん、どこからともなくやって来て銃を振りかざすような、一握りの指導者から、ただ単に指示を受けているということではない。どのような戦略を採るか決断するには、実に多くのことを検討しなければならないのだ。闘争の歴史、弾圧の性質、事態の緊急性、そしてきわめて重要なのは、闘争が行われている舞台である。ガンディー主義か毛沢東主義か、武装路線か平和路線か、(ナンディグラムのように)そのどちらも少しずつ兼ね合わせるか、という決定を下すのは、必ずしも、倫理やイデオロギーにもとづくわけではない。多くの場合、戦略上の決定なのだ。たとえば、ガンディー主義のサティヤーグラハは、いわば政治劇のようなものである。こうした戦略が効力を発揮するには、前提として共感を寄せる聴衆が必要だが、森の奥深くに暮らす村人たちにはそれが望めない。八百人の警官隊が夜にやって来て、森の村に非常線を張り巡らし、家を焼き、人びとを射殺しているときに、ハンガーストライキに打って出るのは、はたして効果的だろうか（そもそも、飢えに苦しむ人たちにハンストが可能だろうか。それに、テレビで放映されないハンストに、意味があるのだろうか）。同じように、ゲリラ戦も、平野部の村には、戦術的撤退のための隠れ場所がないため、どだい無理な闘争方法である。時おり、戦略とイデオロギーが混同されて、無益な内部闘争が起こる場合もある。幸い、ごく普通の人びとは、イデオロギーの区分を打ち破ることができる。アイデンティティの危機に苦しむことなく、ジャンタル・マンタルではガンディー主義者に、平野部では活動家に、そして森ではゲリラ戦士になることができる。インドの抵抗運動の強みは、まさしく多様性にこそある。決して、統一性ではない。

政府が「毛沢東主義者」の定義を拡大し、政府に反対する人ならだれでも含むようになったため、毛派が中心舞台に躍り出たのはさして驚くべきことではない。しかし毛派は、頑健な教義を掲げ、よく言われるように、異論を容認できず、他の政治組織と協調しない姿勢をとり、そしてとりわけ、ただ一途に厳格な、軍事に頼った想像力を持っている。そのために、今差し出されているような巨大なブーツをはくには、あまりに狭量なグループに見えてしまう。

（森でハイテクの達人、ルーピ同志に会って挨拶を交わしたとたん聞かれたのは、毛派がラーニー・ボッデリィ、あの警察のキャンプと化したダンテワダの女子高を襲撃した直後に、わたしが受けたインタビューのことだった。[50] この攻撃で、警官と特別警察官が五十人以上殺された。[51]「ぼくらは、あなたがラーニー・ボッデリィの攻撃を非難しなかったことをうれしく思ったんですよ。でも同じインタビューで、毛派がもし権力の座についたら、最初に吊るされるのはたぶん自分だ、とおっしゃいましたよね。どうしてそんなことを言ったのですか。なぜぼくたちがそんなふうだと思うのですか」。この質問にじっくり答える心づもりをしていたところ、わたしたちに邪魔が入ってしまった。たぶんわたしは、スターリンの粛清から始めただろう。何百万もの一般の人びと、そして七万五千人いた赤軍将校の半分が投獄されるか銃殺され、百三十九人中九十八人の中央委員会のメンバーが逮捕された、あの大粛清の話。次に中国の人民が、大躍進と文化大革命のために払った大きな犠牲について。そして最後に、アーンドラ・プラデーシュ州のペダマッラプラムの事件に触れたことだろう——これは、毛派の以前の化身である人民戦争グループが、村のサルパンチ〔村落パンチャーヤトで選ばれた役人〕を殺害したうえ、選挙ボイコットの呼びかけに従わなかった女性活動家複数名を襲撃した事件だ。)

先の問題に戻ろう。この巨大なブーツを満たすのはだれなのか。たぶん、一組の足では無理だろうし、そうあるべきではない。えてして、新しいより良い世界に向けた革新的ヴィジョンを持つ者たちは、熾烈な軍事攻撃に立ち向かう武器を持たず、反対に、武器を持つ者たちはヴィジョンを持ち合わせていない、というように見えてしまう。

鉱山会社とインフラ会社が結託して、アーディヴァーシーの故郷を襲撃するなか、戦いを繰り広げているさまざまな抵抗運動で、今のところ毛派がもっとも戦闘的なグループだ。このことから、CPI（毛派）が「発展」や環境について、新しい思考方法を提示しているグループだと推論するのは、やや強引な感じがする（心強いのは、毛派が慎重に巨大ダムへの反対を表明していることだ。本気で言っているのなら、それだけでも、まったく異なる発展のモデルを自動的に提示していることになる）。毛派は一般に鉱山会社の猛攻に対決している勢力と考えられているが、かれらの鉱業についての見解（そして実践）はかなり曖昧なままだ。鉱山会社との戦いが巻き起こる複数の場所では、毛派ですら、みかじめ料を手にすれば、鉱業と関連インフラ事業が進展しても反対しないのではないか、という見方が根強く残っている。鉱業の問題に関する上層指導部のインタビューや声明からは、「われわれはもっとしっかりやれる」といったような態度が垣間見える。それとなく「環境維持可能な」鉱業や、より高額なロイヤリティを約束し、より良いかたちで家を追われた人びとの再定住を進め、「関係者」にはより大きな補償をもたらすことをほのめかしているようなのだ（現インド鉱業大臣は最近、同じような論理に沿って、鉱業収益の二六パーセントを鉱山開発で立ち退きにあった先住民に行き渡るようにする、と約束した。飼い葉桶のブタには、なんというごちそう！）

だが、鉱山地帯一の人気者をちょっと見てみよう——数兆ドルに値するボーキサイトだ。はっきり言って、環境維持可能《サステナブル》なボーキサイトの採掘やアルミニウム精錬の方法など存在しない。アルミニウム精錬は極度に有害なプロセスのため、ほとんどの欧米諸国は国外に持ち出している。アルミニウム一トンを生産するには、六トンのボーキサイトと千トン以上の水、膨大な電力が必要になる。(52)それほどの量の水と電力を消費するには、巨大ダムが必要だ。すでにわかっているように、ダムはそれ自体が大破壊のサイクルをもたらしてしまう。そして最後に――大きな問いなのだが――アルミニウムはいったいなんのためのものか。どこに向かうのだろうか。アルミニウムは軍需産業に不可欠な原料、つまり他国の軍需産業のためのものなのだ。それを考えれば、健全で「持続可能な《サステナブル》」鉱業の政策など、ありはしない。仮にCPI（毛派）が、ウラン、ボーキサイト、石灰岩、ドロマイト、石炭、錫、花崗岩、大理石などがたっぷりと埋蔵する、いわゆる「赤の回廊」、先住民地域の統治権を与えられたとしよう。そうすれば、どのような政策決定と統治に乗り出すだろう。収益を上げ、インフラを建設し、さらに操業を拡大するために、鉱物を採掘して市場に出すことになるのだろうか。あるいは、ただ人びとの基本的ニーズに応えるためだけに採掘するのだろうか。とはいえ、「基本的ニーズ」とはどうやって定義するのだろう。たとえば、毛沢東主義の国民国家では、核兵器が「基本的ニーズ」となるのだろうか。

ロシアや中国、それにベトナムで起きていることからすると、結局のところ共産主義社会と資本主義社会ではあることが共通しているようだ。――言ってみれば、夢のDNAである。革命が起こり、何百万という労働者と農民が命を犠牲にして社会を築いた後、これらの国々では革命で勝ち得たものを覆し始め、抑制のきかない資本主義経済へと向かっている。ここでも消費力が進歩の度合を測る基準になっている。この種の「進歩」には産業が必要だ。産業の成長には、原料の安定供給が必要だ。そのためには、鉱山やダム、支配や植民地戦争が必要になる。旧勢力は衰退し、新勢力が台頭する。登場人物だけが違う同じ物語――金持ちの国が貧乏な国を略奪する話だ。昨日はヨーロッパとアメリカ。今日はインドと中国。明日はアフリカだろうか。いや、明日などあるのだろうか。たぶんこんなことを聞くには遅すぎる。でも、希望は理性とほとんど関係ない。

地球が絶体絶命に見える時、この状況に対する新しいモデルは、そもそもこんな危機をもたらした想像力から生まれると言えるだろうか。ありそうにないことだ。新しいモデルがあるとすれば、複数の場所から、そして資本主義と帝国主義の覇権に手なずけられるのを拒み、抵抗を続けている人びとから生まれるだろう。

ここインドでは、あらゆる暴力と強欲が渦巻いているただなかにも、やはり希望がある。できるとすれば、それはわたしたちだ。ここには、まだ消費の夢に完全には取りこまれていない人びとが存在する。ガンディーの持続可能性《サステナビリティ》と自立のヴィジョンのために、平等と正義という社会主義の理念のために、闘う人びとの伝統がいきづいている。そしてわたしたちには、ガンディー主義者と社会主義者に真っ向から挑んだ、アンベードカル〔思想家、反カースト運動の指導者。ネルー内閣の法務相〕のヴィジョンがある。わたしたちには、目を見張るような抵抗運動の連合があり、その経験と知識と展望がある。

なにより重要なのは、インドでは、一億人にものぼるアーディヴァーシーが生き延びている。かれらこそ、持続可能な生活の秘密を守る人びとだ。アーディヴァーシーがいなくなれば、その秘密も消えてしまう。しかし、グリーンハント作戦のような戦争が、かれらを消し去ってしまうかもしれない。つまり、この戦争を推進している人びとが勝利してしまうと、そこには破滅の萌芽が内包されている。アーディヴァーシーだけではない。究極的には人類の破滅につながるかもしれないのだ。だからこそ、インド中央部で起こっている戦争が、これほど重大なのである。だからこそ、この戦争に抵抗しているすべての政治組織が、誠実に、緊急に対話する必要がある。

資本主義が自らの内部に、非資本主義社会が存在することを容認し、支配の追求には限界があると認めざるをえなくなった日、資源には限りがあると受け入れざるをえなくなった日、――それこそ、変革が訪れる日になるだろう。もし世界に希望があるとしても、気候変動会議の席上や高層ビルが林立する都市では見つからない。希望は土地にしっかりと根差し、森や山や川を守るために日々戦う人びとを、その腕に抱きとめる――人びとは、森や山や川が自分たちを守ってくれることがわかっている。

ひどく道を誤った世界を想像し直すには、まず異なる想像力を持つ人びとが絶滅してしまうのを止めなければいけない。それは資本主義でも、社会主義でもない想像力。なにが幸福や満足感なのかということを、まったく違うかたちで考える想像力。この哲学的なスペースを得るには、過去の守り手のように見えても、本当のところ、未来の導き手となりうる人びとが生存できる物理的なスペースを明け渡さなければならない。そのためにも、わたしたちは支配者に言うべきだ。川の水を、森の木を、そっとしておいてくれませんか。山のボーキサイトをそのままにしてくれませんか。

——もしかれらが、できないなどと答えるなら、自分たちが仕掛ける戦争の犠牲者にモラルを説くのをやめるべきだろう。

二〇一〇年九月

原注

チダンバラム氏の戦争

（1） 'The World's Billionaires: #230 Anil Agarwal', Forbes.com, 8 March 2007; Peter Popham, 'Indian Villagers Pay a High Price as Commodity Boom Comes to Rural Orissa', *Independent* (London), 4 August 2006; 'The Vedanta Affair: The Nub of the CEC's Report Is the Issue of Forest Land', *Telegraph* (India), 27 November 2005, www.telegraphindia.com/1051127/asp/opinion/story_5528395.asp/

（2） Press Trust of India, 'Naxalism Biggest Internal Security Challenge: PM', 13 August 2006, www.hindustantimes.com/Naxalism-biggest-challenge-PM/Article1-86531.aspx.

（3） Manmohan Singh, 'Full Text of Manmohan Singh's Speech at CMs Meet', IBN Live, 6 January 2009, ibnlive.in.com/news/full-text-of-manmohan-singhs-speech-at-cms-meet/82035-3.html.

（4） Jawed Naqvu, 'Singh Sees "Vital Interest" in Peace with Pakistan', *Dawn*, 9 June 2009, www.dawn.com/wps/wcm/connect/dawn-content-library/dawn/news/world/04-india-pm-willing-meet-pakistan-qs-08; pmindia.nic.in/speeches.htm

（5） Rahul Pandita, ‘We Shall Certainly Defeat the Government’, *Open*, 17 October 2009, www.openthemagazine.com/article/nation/we-shall-certainly-defeat-the-government.

（6） *Development Challenges in Extremist Affected Areas*, Report of an Expert Group to Planning Commission (New Delhi: Government of India, 2008), 59-60.

（7） Saikat Datta, ‘On War Footing’, *Outlook*, 13 October 2009. Chhattisgarh Visthapan Virodhi Manch (Chhattisgarh Anti-Displacement Platform), leaflet, Raipur, India, 6 October 2009, radicalnotes.com/journal/2009/10/30/raipur-rally-against-displacement-oct-6-2009/ も参照のこと。

（8） ‘India, Pak Unite to Block Anti-Lanka Move at UN’, IndianExpress.com, 29 May 2009, www.indianexpress.com/news/india-pak-unite-to-block-antilanka-move-at/467703/.

（9） 二〇一〇年十二月二十四日、ライプル地方裁判所は、ビナヤク・セン医師を煽動罪で有罪とし、終身刑を言い渡した。

（10） 二〇〇九年十月二十日、ニューデリー、憲法クラブのスピーカーズホールで開かれた「平和のための市民イニシアチブ」公聴会におけるP・B・サワント判事の発言。

（11） 二〇〇九年十月二十日、ニューデリー、憲法クラブのスピーカーズホールで開かれた「平和のための市民イニシアチブ」公聴会におけるハルゴーパールの発言。

（12） Project Report by ITM EEC, Batch 20, Group 6, Pankal Tiwary, et al., *Where Is the Land Going? A Study on Land Grabbing with Reference to Reliance Maha Munabi SEZ* (2009), www.scribd.com/doc/26213514/Batch20-Group-6-Macro-Economics-Project-Report.

（13） Samarendra Das and Felix Padel, *Out of This Earth: East India Adivasis and the Aluminium Cartel* (New

Delhi: Orient Blackswan, 2010); United Nations Human Development Report 2009, hdrstats.undp.org/en/indicators/150.html.

(14) P. Sainath, 'Mass Media: Masses of Money?' *India Together*, 25 December 2009, www.indiatogether.org/2009/dec/psa-masses.htm.

(15) Paranjoy Guha Thakurta, 'Fix-Ed Case', *Tehelka*, 14 November 2009, www.tehelka.com/story_main43.asp?filename=Bu141109fixed_case.asp; 'Chidambaram Faces Flak on Vedanta Links', *Business Standard*, 9 August 2006, www.business-standard.com/india/news/chidambaram-faces-flakvedanta-links/257339/.

(16) Manoj Mitta, 'Petitioners Didn't Have Say on Kapadia Presence', *Times of India*, 13 October 2009.

(17) Man Mohan, 'College That Trains Cops to Take on Naxalites', *Tribune Online* (Chandigarh, India), 20 July 2009, www.tribuneindia.com/2009/20090720/main8.htm.

(18) Ashok Mitra, 'The Phantom Enemy', *Telegraph* (India), 23 October 2009.

同志たちと歩く

(1) Trevor Selvam, 'India for Selective Assassination of Its Own Citizens?', Countercurrents.org, 31 January 2010, www.countercurrents.org/selvam310110.htm.

(2) Canary Trap, 'Karnataka Lok Ayukta Report on Illegal Mining,' 21 January 2010, canarytrap.in/2010/01/21/karnataka-lokayukta-report-on-illegal-mining/.

（3） Man Mohan, 'College That Trains Cops to Take on Naxalites,' *Tribune Online* (Chandigarh, India), 20 July 2009, www.tribuneindia.com/2009/20090720/main8.htm.

（4） Shoma Chaudhury, 'The Quiet Soldiers of Compassion,' *Tehelka*, 23 August 2008.

（5） Press Trust of India, 'Naxalism Biggest Internal Security Challenge: PM,' 13 April 2006, www.hindustantimes.com/Naxalism-biggest-challenge-PM/Article1-86531.aspx.

（6） The Ministry of Rural Development's draft report of the Committee on State Agrarian Relations and the Unfinished Task of Land Reform,vol. 1 (March 2009), www.rd.ap.gov.in/IKPLand/MRD_Committee_Report_V_01_Mar_09.pdf. これと最終版 http://dolr.nic.in/Committee%20Report.doc. を比較のこと。

（7） *Frontline*, 21 October 2005.

（8） 人権フォーラム（ＨＲＦ）によれば、バラゴーパールはそのようなプレスリリースを出していないとのことである。

（9） Judgement of the Supreme Court of India on Mohammad Afzal vs the State (NCT of Delhi), 4 August 2005.

（10） Charu Mazumdar, 'Hate, Stamp and Smash Centrism,' May 1970, in *The Collected Works of Charu Mazumdar* (Deshabrati Prakashani, publishing house of the Undivided C.P.I. [M-L]), the Marxist Internet Archive, www.marxists.org/reference/archive/mazumdar/1970/05/x01.htm に転載。

トリクルダウンの革命

（1） Anonymous, ‘The Goose and the Commons’, *Tickler*, 1 February 1821.

（2） Address by Prime Minister Manmohan Singh, Oxford University, Oxford, United Kingdom, 8 July 2005.

（3） Samanth Subramanian and Krish Raghav, ‘The Economics of the Games’, *Wall Street Journal*; LiveMint.com, 26 October 2010, www.livemint.com/2009/10/26205604/The-economics-of-the-Games.html.

（4） Geeta Pandey, ‘Delhi Street Vendors Evicted before Commonwealth Games’, BBC News, Delhi, 20 August 2010.

（5） ‘Delhi to Banish Beggars Ahead of Commonwealth Games’, *Times of India*, 1 September 2009.

（6） ‘Nearly 80% of India Lives on Half Dollar a Day’, Reuters, 8 August 2007, www.reuters.com/article/idUSDEL218894; ‘Foodgrains That Could Feed 1.4 Crore People Rot’, CNN-IBN, 27 July 2010.

（7） Central Statistical Organization, Ministry of Statistics and Programme Implementation, Government of India, *Millennium Development Goals: India Country Report 2009*; United Nations, *The Millennium Development Goals Report 2009* (New York: United Nations, 2009), p. 12.

（8） Emily Wax and Rama Lakshmi, ‘As Commonwealth Games Loom,“Unfit” Athletes’ Village Adds to India’s Problems’, *Washington Post*, 24 September 2010.

（9） Jason Burke, ‘More of World’s Poor Live in India than in All Sub-Saharan Africa, Says Study’, *The*

Guardian (London), 14 July 2010.

（10） Prime Minister Manmohan Singh, Indian Independence Day Speech, Red Fort, New Delhi, 15 August 2010.

（11） C. P. Chandrasekhar, 'How Significant Is IT in India?', *The Hindu*, 31 May 2010.

（12） 'India Needs Labour Transitions to Remove Poverty', Reuters, 6 April 2009.

（13） S. Sakthivel and Pinaki Joddar, 'Unorganised Sector Workforce in India: Trends, Patterns and Social Security Coverage', *Economic and Political Weekly*, 27 May 2006.

（14） Utsa Patnaik, 'Food Stocks and Hunger in India', paper, 3 August 2002, www.macroscan.org/pol/aug02/pol030802Food_Stocks.htm.

（15） 'Mukesh Ambani Tops for the Third Year as India's Richest', *Forbes Asia*, 30 September 2010. 記事によれば「インドの最富裕層百人の純資産を総計すると、昨年の二七六〇億ドルを上回り、三〇〇〇億ドルにのぼった。今年度の長者番付には、昨年より十七名増加して六十九名の億万長者が見られる」。インドの二〇〇九年のGDPは一兆二千億ドルであった。

（16） AP通信は二〇一〇年十月にこう報じている。「現在、三億人が一日当たり一ドル以下で暮らしている国で、経済成長率がほぼ九パーセントにものぼり、富裕層はポルシェやヴィトンの財布を買い求める。去年にはインドの富裕層人口は五一パーセントも跳ね上がり、十二万七千人以上におよんでいる」。Tim Sullivan, 'Indian Cram School Town Redraws Lines of Success', Associated Press, 24 October 2010.

（17） Ashok Mitra, *A Prattler's Tale: Bengal, Marxism, Governance*, translated from the Bengali by Sipra Bhattacharya (Kolkata: Samya Books, 2007).

(18) 'I Am Your Soldier in Delhi: Rahul to Tribals', Press Trust of India, 26 August 2010.

(19) P. Chidambaram, The Harish C. Mahindra 2007 Lecture, 'Poor Rich Countries: The Challenges of Development', Harvard University South Asia Initiative, Cambridge, Massachusetts, 18 October 2007.

(20) Ajay Dandekar and Chitrangada Choudhury, 'PESA, Left Wing Extremism and Governance: Concerns and Challenges in India's Tribal Districts', Institute of Rural Management, Anand, commissioned by Ministry of Panchayati Raj, Government of India, New Delhi, no date, www.tehelka.com/channels/News/2010/july/10/PESAchapter. pdf.

(21) Raman Kirpal, 'Why You Must Read This Censored Chapter', *Tehelka*, 10 July 2010.

(22) Ernesto Guevara, *Guerrilla Warfare*, third ed., eds. Brian Loveman and Thomas M. Davies, Jr. (Rowman and Littlefield, 2002), p. 51.

(23) Jawed Naqvi, 'Singh Sees "Vital Interest" in Peace with Pakistan', *Dawn*, 9 June 2009; pmindia.nic.in/speeches.htm

(24) Bhagat Singh's Last Petition, no date, www.shahidbhagatsingh. org/index.asp?link=bhagat_petition.

(25) B.G. Verghese, 'Daylight at the Thousand-Star Hotel', *Outlook*, 3 May 2010.

(26) Chemkuri [Cherukuri] Azad Rajkumar, 'A Last Note to a Neo-Colonialist', *Outlook*, 19 July 2010.

(27) Partho Sarathi Ray, 'The Rs. 1500 Crore "Maoist Empire" or How the Police Plants Stories in the Press', *Sanhati*, 16 April 2010.

(28) 'Chhattisgarh on Top Alert after Deadly Naxal Attack', Press Trust of India, 18 May 2010; Joseph John, 'Maoists Chopped Limbs, Slit Throats of Injured CRPF Men', www.indianexpress.com/news/

maoists-chopped-limbs-slit-throats-of-injur/641291/

(29) Rakhi Chakrabarty, 'Raped Repeatedly, Naxal Leader Quits Red Ranks', *Times of India*, 24 August 2010.

(30) 'Air Chief Releases Joint Doctrines', Ministry of Defence, 16 June 2010; 'Armed Forces Release New Warfare Doctrine', Press Trust of India,16 June 2010; 'Armed Forces Release Two Doctrines on Joint Warfare', Press Trust of India,16 June 2010.

(31) Gautam Navlakha, 'Azad's Assassination: An Insight into the Indian State's Response to Peoples' Resistance', *Sanhati*, 25 July 2010.

(32) 'Get Ready to Fight Naxals, Said Chief. Or Did He?' *Indian Express*, 17 July 2010. 記事によれば、興味深いことに「プレスリリースの数時間後……報道情報局の弁護機関がそれを撤回した。理由は明らかにされなかった」。

(33) 'The IAF [Indian Air Force] Can Fire in Self-Defence during Anti-Maoist Operations', *Hindustan Times*, 12 August 2010.

(34) Justice (Retired) B.P. Jeevan Reddy, *Report of the Committee to Review the Armed Forces (Special Powers) Act 1958*, submitted to the Government of India in June 2005.

(35) Supriya Sharma, 'Finally, Army Moves into Maoist Territory,' *Times of India*, 14 December 2010.

(36) 'Edited Text of 12,262-Word Response by Azad, Spokesperson, Central Committee, CPI (Maoist)', *The Hindu*, 14 April 2010.

(37) South Asia Terrorism Portal, Table: 'Fatalities in Left-wing Extremism—2010,' www.satp.org/

satporgtp/countries/india/maoist/data_sheets/fatalitiesnaxal.asp.

(38) 'Wanted Naxals Protected by Forests, Mines', Indo Asian News Service, Raipur, 8 April 2010.

(39) Azad, 'Hail the Daring and the Biggest Ever Guerrilla Attack on the Hired Mercenaries of the Indian State Carried Out by the Heroic PLGA Guerrillas in Chhattisgarh!', press statement for the Central Committee of the CPI (Maoist), 8 April 2010.

(40) 'Fresh Maoist Attacks Feared in Chhattisgarh Towns', *Sify News*, 9 April 2010.

(41) Ashish Khetan, 'CRPF Men Faked Log Entries to Skip Patrolling', *India Today*, 19 May 2010. E・N・ランモハン委員会レポートも参照のこと。

(42) '44 Killed as Maoists Blow Up Bus in Dantewada', *Times of India*, 18 May 2010.

(43) 'Bihar Abduction: Body of Havildar Lucas Recovered', *Indian Express*, 3 September 2010.

(44) 'Bihar Hostage Crisis Over, Maoists Release 3 Abducted Cops', *Times of India*, 6 September 2010.

(45) Sumanta Banerjee, *In the Wake of Naxalbari: A History of the Naxalite Movement in India* (Calcutta: Subarnarekha, 1980).

(46) 'Rs 14000cr Maoist Balm', *Telegraph* (Calcultta), 6 July 2010.

(47) Kaustav Banerjee and Partha Saha, 'The NREGA, the Maoists and the Developmental Woes of the Indian State', *Economic and Political Weekly*, 10 July 2010.

(48) Nirmalangshu Mukherji, 'Arms Over People', *Outlook*, 19 May 2010.

(49) 'Aims and Objects of Vishva Hindu Parishad,' no date.

(50) Arundhati Roy, *The Shape of the Beast: Conversations with Arundhati Roy* (New Delhi: Viking, Penguin

India, 2008), pp. 225–30.

(51) 'Chhattisgarh: 55 Killed in Naxal Bloodbath', Press Trust of India, 15 March 2007.

(52) Samarendra Das and Felix Padel, *Out of This Earth: East India Adivasis and the Aluminium Cartel* (New Delhi: Orient Blackswan, 2010).

訳者あとがき

「インドの知られざる戦争」。カタールの衛星放送局アル＝ジャジーラは、インド中央部で巻き起こる戦闘をそのように形容した（India's Silent War, Al-Jazeera Correspondent, 21 October 2011）。アル＝ジャジーラ特派員が言う「インド中央部・東部における四十年の内戦」は、インドの毛沢東主義を中心とした長く複雑な政治・闘争史をかなり矮小化した表現であるにしても、確かにこの「戦争」は、インド国内ではだれもが耳にする「問題」である一方、国際的には近年に至るまでほとんど関心がもたれていなかった。そもそも、インドの毛沢東主義者とは何者なのか、そんな人たちがいるのか、というのが一般的な反応だろう。逆にインド国内では、メディアのセンセーショナルな報道が長らく続き、とりわけ二〇〇五年にチャッティースガル州政府の御用自警団、サルヴァ・ジュドム（ゴンド語で「浄化狩り」または「平和使節」）が結成され、翌年、中央政府が毛沢東主義者（インド共産党（毛派）、以下毛派）を「国内治安最大の脅威」と、直接ターゲットとして公言するという流れのなかで、報道合戦はさらに過熱していった。そして二〇〇九年に開始された毛派掃討伐作戦、いわゆるグリーンハント作戦――「赤狩り」ではなく「緑狩り」というのが興味深い――は、今なお継続中である。「毛派を一掃するまで」作戦は続行すると明言されており、当時の内務大臣チダンバラム（二〇一二年から財務相に復帰）は三年、その他政府関係者は五年から七年と考え、なかには二十年と見る者もいるという。

では、インドの毛沢東主義者とは、いったいだれなのか。本書『ゲリラと森を行く』（原題は二番目の章と同じ『同志たちと歩く *Walking with the Comrades*』）は、この人びとの闘争とかれらに対する政府の徹底弾圧を中心に展開する内容となっているが、むろんそのねらいは、インドにおける毛沢東主義の歩みを包括的にしろ、断片的にしろ、描くことなどではない。むしろ、この「戦争」の周知の構図――国家対毛沢東主義者（「テロリスト集団」）の戦争――を、多国籍企業と結託した国家権力対持たざる者たちの戦争、ひいては対民主主義の戦争という構図に書き換える試みであるとひとまず言えるだろう。とりわけ強く問われているのが、九〇年代の「新経済政策」以降に貧困と不平等がますます加速している状況、そしてその状況における闘争の意味である。インドが新たな超大国として台頭する時、目覚ましい経済成長の舞台裏ではなにが起こっているのか。人びとの生活や命を犠牲にする開発とは、進歩とは、どういうものなのか。民主主義を誇る国家が、いかにして自らを欺き、ますます不正義を推し進めているか。本書では、これらの切実な問題を念頭に、新自由主義が猛威をふるい、もっとも虐げられた人びとに容赦なく襲いかかる時代の抵抗のあり方が思考され、そのなかで、あらためて毛沢東主義者たちのヴィジョンと実践が位置づけ直されている。著者のアルンダティ・ロイは、毛派を特異な「暴力主義」の理解に押し込んで一蹴することを拒絶し、非常に慎重に、留保をつけながらではあるものの、過去現在の抵抗運動のスペクトルの一部としてとらえ、究極的には、イデオロギーも方法論もまったく異なるその他さまざまな闘争と軌を一にした、大きな目標の実現に向かっている人びととして再考しようとしているのである。

さらに、ここ数年では、毛派の弾圧にともなう政府と主流メディアのキャンペーンによって、「毛沢東主義者」という誹りが、都合よくあらゆる個人や団体に向けられている状況がある。突出した事例で言うと、「貧しき者の医師」として知られる人権活動家のビナヤク・センが、毛派の「協力者」として二〇〇七年に煽動罪で逮捕され、終身刑の判決を受けたことが挙げられる（現在セン医師は保釈中）。本書において、軍や警察組織を総動員して繰り広げられる「掃討作戦」により、毛派であってもなくても、多数の人が命を落とし、傷つけられ、家を焼かれ、投獄され、拷問を受けている状況が、大きな危機感、切迫感とともに明らかにされているのは言うまでもない。と同時に強調されているのは、主に毛派の活動地域で、このように毛派の定義が恣意的に拡大されることにより、べつの抵抗運動にかかわる人びと、ごく普通の人びとまでもが弾圧の対象になっているという事実である。そのうえ、こうした危機的状況に抗して声をあげる人びとが「毛派シンパ」と名指され、理不尽な非難を受けている。だが、ロイの文章において、この状況が裏返しに語られてもいるのは興味深い。政府が残虐な弾圧を繰り返せば繰り返すほど、その意図に反して、毛派がますます支持と共感を呼ぶことになり、逆説的にも、実際よりはるかに大きな影響力をもつ勢力であるかのように、政治の中心舞台へと躍り出ていることが指摘される。そして、巨大な不正義と暴虐に抗い、自らの生存権を死守しようとするだれもが「国家の敵」として暴力に晒されうる危機のなか、インド社会でじつに色とりどりの闘争が併存する文脈において、従来の毛派のイメージが再検討され、新たな位相でかれらの闘争を議論の俎上に載せる試みがなされている。そうしたうえで、この「戦争」を一刻も早く終わらせるよう、人びとの協力と連帯が呼びかけられているのである。

先の問いに戻ろう。毛沢東主義者とはだれか。今ではむしろ、どういう人びとがかれらの仲間とみなされるのか、当局によってその定義が拡大されている一方で、おそらく、かれら自身の自己認識や「組織」の輪郭も変化しているだろう。しかし厳密に言うと、どうなるか。先に触れた「四十年の内戦」とは、一九六七年、西ベンガル州ナクサルバリで起きた農地解放闘争、いわゆるナクサライト蜂起を起点にした歴史をなぞったものである。この背景には、インド共産党（CPI）からインド共産党（マルクス主義派）（CPM）が分離し、西ベンガル州で勢力を伸ばしたという経緯がある。この年、州議会選挙において国民会議派が敗れ、CPMを主要勢力に統一戦線政権が誕生した。ところが一部CPM急進派が政権の路線を拒否、農民の組織化と農地改革がラディカルに推し進められ、それが武装闘争に発展する。以上がナクサライト蜂起のごく簡単な説明になるが、あえて言うならば、CPM急進派を中心とした闘争は、議会政治への抵抗としても位置づけられ、この点は当然ながらインド毛沢東主義の歴史の重要な成分となっている。そしてこれをきっかけとして、チャルー・マジュムダルを中心に、CPMと袂を分かったグループが毛沢東主義を掲げるインド共産党（マルクス＝レーニン主義派）（CPI（ML））を結成する。ここからさらに、イデオロギーや路線対立によって多数の分派が生まれていくことになるが、むろん当初のCPI（ML）の路線がすべての毛沢東主義党派を代表するわけではない。顕著な例として、たとえば、七四年に結成されたインド共産党（マルクス＝レーニン主義）解放派（CPI（ML解放派））は、非常事態期（七五－七七年）の終了とともに議会政治に転向し、またその他主要指導者のなかでも、かつての暴力革命路線を全否定する者もいる。一方、現在のいわゆる毛派、インド共産党（毛沢東主義派）（CPI（毛派））は、本来のマジュムダルの方針を受け継いだ党派の流れと見ることができる。まず九八年にインド共産党（マルクス＝レーニン主義）統一派（CPI（ML統一派））が人民戦争グループ（PWG）に合流、その後、PWGは毛沢東主義共産主義センター（MCC）と熾烈な戦争状態に陥るが、二〇〇四年に両者が和解、合併した。そうして誕生したのがCPI（毛派）である。本書の話題の中心となるこの毛派は、議会政治に入ったネパール共産党（毛沢東主義派）を除けば、世界のどの毛沢東主義組織（たとえばフィリピンやペルー）にもまして――コロンビアのFARC（コロンビア革命軍）と同程度にもおよぶ――大きな規模と影響力を持っていると言われている。

本書でもCPI（毛派）の来歴は手短に説明されているが、ここでいまいちど毛沢東主義の歴史を振り返るには理由がある。当初のナクサライト蜂起が、言うなれば左派の内部闘争であったことからもわかるように、毛沢東主義運動の経験と歴史は、警察・治安当局からの激しい弾圧だけではなく、共産党・毛沢東主義諸党派間の対立と争いにも大きく規定され、まさにそれこそが、現在の毛派の立場と闘争、かれらをめぐる言説をより複雑で困難なものにしていると言えるからだ。そしてこのことは、ロイの語りにも少なからず影響を与えているだろう。毛沢東主義の闘争がよりラディカルに、より暴力的になっていく経緯には、その発端から分裂を繰り返し、そのたびごとに、目標や方法論がより先鋭化していったことにくわえて、PWGとMCC間に代表されるように、党派間で激しい「戦争」が行われてきたという事実がある。当然ながら、こうしたことを含む「内部」の問題は、国家権力による暴力的弾圧と闘争内部に亀裂を生もうとする策略にも起因する。つまり、当局からの熾烈な弾圧に脅かされるうえに、つねに内通や裏切りの不安と不審感がつきまとう状態こそ、闘争がより軍事偏重になっていった原因と見られる。

また、毛派への弾圧が激化するにつれて、主流メディアによる「情報戦」で事実誤認や根拠のない推論、煽動的な文言がばらまかれ、毛派の「暴力」が格好のネタと非難の的になっていったことは容易に理解できるとしても、毛派をめぐる言論できわめて特徴的なのは――そしてきわめて厄介なのは――広い意味での左派、それに過去現在の毛派諸党派からも厳しい攻撃を受け続けている点である。こと、マジュムダル、およびその流れを継承するこれまでの党派と現在のCPI（毛派）に関しては、左翼内部から一貫して「暴力主義」、「テロ集団」との強い批判を受けてきた。たとえば、かれらの暴力主義のせいで、毛派の活動地域では左派勢力が衰え、結果的に右派の台頭を許してしまっている、というような。現在でも、毛派の暴力こそが政府の軍事介入を引き起こし、あらゆる抵抗運動の弾圧に格好の口実を与えている、との批判が絶えない。さらに深刻なのは、国家の暴力や弾圧は当然悪いと前置きしながらも、毛派こそがアーディヴァーシー（先住民）の悲劇を招いている、という声である。ロイも指摘しているように、こうした論調には、先住民を単に国家と毛派の暴力にはさまれた犠牲者として描き出し、かれらが抵抗する主体であることをまったく認めない態度が潜んでいる。

つまり、この危機的状況においてすら、左派こそがいっそう激しく、執拗に、毛派を非難しているようにも見えてしまう。だからこそ、ロイ独特の語りと視点が活きてくる。著者アルンダティ・ロイについては、日本でもすでに複数の翻訳があり、すぐれた書き手として広く知られているため多言を要さないだろう。ロイはケーララ州生まれ、一九九七年、初めて書いた小説『小さきものたちの神』でブッカー賞を受賞、以来、グローバリゼーションやアメリカの世界戦略、インド国内の政治状況、とりわけ新自由主義やヒンドゥー・ナショナリズムの台頭などに対して鋭い論評を精力的に発表してきた。彼女が言論と社会／運動をつねに往還するような作家であることは、本書からも十分に伝わってくるものと思われる。その魅力はなんといっても、ユーモアとアイロニーがきいた、時に挑発的、時に情熱的な、ウィットに富む感情豊かな語り口で読者を説得的に巻き込んでいくスタイルである。しかしまさにその語り口ゆえに、折にふれてインドの言論界で反感を買い、批判を受けてもきた。これに対して、ロイ自ら、感情的な語りが意図的な戦略であることを認め、こう切り返している。「そう、たしかにわたしはヒステリック。血だらけの屋根の上から叫んでいる。……ようするに、わたしは隣近所の目を覚ましたい。みんなの目を覚ましたいだけ」。

ここに訳出したエッセイでも、こうした彼女の独自のスタイルが貫かれているのが見て取れる。CPI（毛派）が多方面から非難を浴びせられる状況において、リベラル、左派の論客とも一線を画し、また手放しで毛派を称賛する（少数の）人びととも距離を取り、かれらを取り巻く言説に介入して新たな突破口を開くには、非常に繊細かつ慎重に議論をわたっていく必要がある。この難しい問題に取り組むにあたり、とりわけ、語り手／観察者としての「わたし」の視点で展開する抒情的な語りが有効に機能していると言えるだろう。それがもっともきわだっているのが、同行取材をもとにして書かれたルポルタージュ、「同志たちと歩く」である。かれらの活動と日常を独自の視点から観察して描き出すとともに、広く流布するさまざまな批判の論点を「わたし」の疑問や不安として明らかにしながら、毛派の闘争のあり方、先住民との関係性、軍事と暴力をめぐり、かれらとの対話をつうじて思考していく。かれらが、なぜこうした方法をとるのか、とらざるをえないのか。なぜこの「戦争」が起こっているのか。なぜごく普通の人びとが、残虐な包囲攻撃に遭わねばならないのか。このような問いを出発点として、毛派の暴力に不安を覚えながらも、かれらの闘いに共感を寄せようとする、語り手自身の揺れ動く感情があらわにされる。

なにより著者が重きを置いているのは、かれら自身が語り、思い描く自らのイメージである。たとえそれが「偏った視点」であったとしても、そもそも偏った視点で語られない歴史などない。そう念を押しつつ、人びとが語る物語のひとつひとつ、その細部が尊重され、かれらの経験、理想、苦悩、決して報道されない「戦争」の内幕が明らかにされる。たとえば、一般のメディアや報道と対極にある、かれらの郵便・伝達ツールの「ビスケット」。「ビスケット」がはこぶ森のニュースでは、通常ではその名を付されることも、数えられることもない死者たちが、それぞれの名前で呼ばれ、人びとに悼まれる。そして個々の物語は、もっとも深く、もっとも個人的なかたちで語られ、「わたし」の共感から読者の共感が呼び起こされる。彼女ならではと言うべきは、闘争内部にある女たちの闘いの物語、個別の痛みの物語に光をあてる感性であろう。女たちの物語は、彼女たちひとりひとりの個人の物語であると同時に、闘争の大きな文脈のなかに位置づけられ、歴史の一部として認識される。——女たちの闘争は自らの解放をかけた闘いであるとともに、運動が掲げる正義と平等という理想を実現するための闘いでもあるのだ。

こうして、毛派や森の人びととの出会いが、いわば個人的な理解への旅、ないしは思考の軌跡として織りなされて、闘争のなかのさまざまな物語、まったくべつの位相の理解と視座が、残酷な戦争と著しいコントラストをなすように、うつくしい風景や色や香りを伴ってくり出されていく。まさにそれこそが、一般的な偏見や非難に対する、なによりも力強い応答になっていると言えるだろう。毛派に同行取材をして書かれたルポルタージュは他にも二、三出版されており、「知られざる世界」は断片的に語られてきた。だがロイの試みが傑出している理由は、「わたし」の理解と共感をとおして、人びとの個々の物語とそのディテールを、大きな歴史的、政治的な文脈、そして現在の闘争の舞台へと接続していく、その巧みな語り方にこそある。

ただ、こうした著者の慎重な姿勢が理解されず、一刀両断に「毛派の暴力を容認している」と糾弾を受けているのも事実である。それはむろん、持ち前の挑発的な言い回しが原因でもあるだろう。しかしそこには単なる挑発ではなく、奥深い真実が語られている。たとえば、ロイの文章でひときわ目を引くのは、チャルー・マジュムダルの再評価と言えるが、「階級の敵の殲滅」を掲げた理論家／指導者の大きな矛盾や限界を指摘しながらも、彼の政治的ヴィジョンを簡単に一蹴することはできない、という結論が導かれる。これは非常に勇敢な試みであるが、さらにガンディーの「戯言」（！）と対置することによって、きわめて挑発的な申し立てにもなっている。そのうえ、マジュムダルの「中国の道はわれわれの道」という言葉で現在のインド政府の方向性を表すばかりか、大胆にも毛派の持久戦理論に触れて、インド国家が独立以来国民に向けて発動してきた軍事弾圧を持久戦になぞらえてもいる（なお、訳者としては、インド政府がとった軍事的解決の事例をすべてひとくくりに批判する見解には慎重になりたい）。このようなフレーズを故意にたたみかけるねらいは、どれほど問題含みで過ちだらけであっても、かれらを「暴力集団」として撥ねつけるのではなく、インドの民主主義制度（「慈悲深い民主主義の仮面」）に代わる、異なるモデルと展望の可能性を描き、実現しようと夢見てきた人びととして、その歩みや声に新たな意義を見出すことにあるだろう。言い方を換えるなら、ロイは毛派の存在を、インドの議会制民主主義がはらみもつ代表制の危機——議会制民主主義が、一貫して土地の無い農民や森の住人を代表することに挫折してきたこと——のひとつの大きな象徴として提示しているのである。

なるほど、これまでの毛沢東主義運動に関する議論でも、政府の度重なる弾圧にもよらず毛沢東主義が生き延びている理由として、インドの民主主義の根底に大きな亀裂と矛盾があるという点が、つねに指摘されてきた。そもそも毛沢東主義者たちは、議会制民主主義の限界に真っ向から挑み（したがって議会左翼は「主要な敵」となる）、暴力革命をつうじてこそ真の自由と平等が達成できると考える。こうした理念の是非はともかく、確かにかれらは、ナクサライト蜂起から継続して、議会政党が解決することのできなかった、土地問題や農業労賃問題、社会抑圧および貧困・飢餓問題などに取り組み――次第に軍事に重きが置かれるようになっていったとしても――、貧農および先住民から大きな支持をとりつけてきた。この点に関して、ロイの語りの戦略でもっとも刺激的かつ意義深いのは、国家が憲法を破棄しようとしているのに対し、毛派こそが民主憲法を擁護し、実行しようと努めている――つまり、本当の意味で民主主義を求めて闘っている――というロジックであろう。国家打倒を掲げる毛沢東主義者たちこそ「ある意味愛国者」という、彼女の鮮やかで斬新な視点の転換は、当然のごとく――おそらく彼女のねらいどおりに――物議を醸す一方、収奪と暴力が巻き起こる文脈において、さらに力強く、説得的に響き、正義と尊厳を求めて武器をとる人びとの姿を浮かび上がらせる。

むろん、毛派の言う武装闘争が、決して唯一の抵抗運動の選択肢ではありえないと繰り返しつつも、ロイが強調するのは、かれらに限っては、武器をとる以外に選択肢が残されていないのもまた真実であるということだ。左派からの批判でもよくあるように、実際、森のなかの貧困や土地問題に目を見張るような進展はない。あらゆる問題が山積し、軍事偏重の戦略からは大きな矛盾が生まれている。「戦争」が激しさを増す一方の状況で、かれらの闘い、貧困と社会抑圧の解決という目標は、当初の理想からますます後退していっているように見えなくもない。しかしそこには確かに、自らの力で、異なるヴィジョンで、べつようの社会を思い描き、築こうと奮闘する人びとが存在している。かれら、「銃を持ったガンディー主義者」の生のあり方——ロイの命名によれば「銃によるグラーム・スワラージ」——は、確かに新しいモデルの可能性と希望を示しているのである。

では、わたしたちはロイの議論をどう理解すべきだろうか。ひとつ確かなのは、彼女の自国への批判をそのまま単純に受け取るにとどまり、インドには民主主義がないとの結論を導くのは大きな過ちであることだ。おそらく、わたしたちがインドのさまざまな社会運動や闘争を考える時、並行してなすべきは、この巨大な国が独立前後から抱えた難題と苦悩、国民国家建設のプロセスで生じた歪みや矛盾を振り返り、なぜそうならざるをえなかったのか、その歴史的政治的な道程を検証することだろう。そうしてはじめて、この国が掲げる平等の目標と民主主義の理念を、真の意味でかなえようと日々闘う人びとの姿が、より鮮明に見えてくるはずである。

さらに言えば、本書の背景となる政治・経済状況は、当然ながらインドに限った危機や問題ではない。インドの「新経済政策」は、世界的な新自由主義／構造調整政策の一環として発現したものであるが、このプロセスは、九〇年代後半から二〇〇〇年代にかけて、特に小泉政権の郵政民営化に代表される「規制緩和」政策により日本にももたらされている。今後、現在進行中の環太平洋連携協定（ＴＰＰ）への参加などによって、いっそう日本社会の根幹部が揺り動かされ、これまでにも増して「危機」がアクチュアルに、痛切に、感得されていくかもしれない。そのうえ、もうひとつの「危機」として、今まさしく、議会制民主主義の「代表性」への疑義がますます深化、あるいは顕在化しているようにも見える。むろん、社会構造の異なる日本とインドを容易に比較することはできない。とはいえ本書は、インドの危機的状況への問題提議という枠を超えて、より大きな思考の射程を提示しており、日本社会が直面しうる問題を探るうえでも貴重な手がかりを与えてくれるだろう。

＊

もうずいぶん前のこと、同じ大学院でナクサライトの研究に携わるケーララ出身の友人に出会った。以前からインドの毛沢東主義の歴史に興味を抱いていたわたしは、彼とすぐに意気投合し、その後も何度も何度も長時間語り合った。会うたびに、彼は自分の研究、インドの諸問題やさまざまな社会運動について、熱っぽく話してくれた。「ラール・サラーム」を伝授してくれたのも、そして、このエッセイの存在をいちはやく教えてくれたのも彼だ。二〇一〇年の春、フィールド調査で長期滞在中のジャールカンドから、ぜひ読んで欲しい、とわざわざ知らせてくれたのが、「同志たちと歩く」だった。畏友、ジョージ・クナットとの出会いがなければ、そして彼の情熱と誠実さに触れていなければ、この本を訳すこともなかったかもしれない。ジョージに心からの敬意と感謝を表したい。

押川文子さんには、膨大な量にのぼるインド諸語の日本語表記についてご教示いただきました。インドのことをなにも知らずに翻訳を試みていた訳者に、ご多忙にもかかわらず、温く救いの手を差し伸べてくださいました。心よりお礼を申し上げます（ただし、訳者の判断で採用した表記を用いている箇所もあり、誤りが見つかるとすれば、もちろんすべて訳者に責任があります）。

また、この翻訳を最初から応援してくださった、李静和さん、池上善彦さんに感謝申し上げます。おふたりからはつねにインスピレーションを受けていますが、このかんも、お会いするたびに身の引き締まる思いがしました。

以文社の宮田仁さんには、なにからなにまで、ことばに尽くせないほどお世話になりました。遅々として進まない仕事をやさしく、辛抱強く見守ってくださり、いつも励ましてくださいました。ずいぶんと長いあいだお待たせしてしまいましたが、ここまでたどり着けたのも、すべて宮田さんのご尽力のおかげです。心から感謝いたします。

本書は *Walking with the Comrades*, Penguin, 2011. の全訳である。なお同書は *Broken Republic: Three Essays*, Hamish Hamilton, 2011. としても出版されている。

二〇一三年三月

栗飯原　文子

著者　アルンダティ・ロイ（Arundhati Roy）
作家。ニューデリー在住。1997年に長編小説『小さきものたちの神』（DHC, 1998年）でブッカー賞受賞。その他の著書に『わたしの愛したインド』（築地書館, 2000年）,『帝国を壊すために』（岩波書店, 2003年）,『誇りと抵抗──権力政治を葬る道のり』（集英社, 2004年）,『民主主義のあとに生き残るものは』（岩波書店, 2012年）など。

訳者　粟飯原文子（あいはら あやこ）
ロンドン大学東洋アフリカ研究学院博士課程。神奈川大学外国語学部非常勤講師。専攻はアフリカ文学・文化研究。訳書に『褐色の世界史──第三世界とはなにか』（水声社, 2013年）。

ゲリラと森を行く

2013年5月31日　第1刷発行

著　者　アルンダティ・ロイ
訳　者　粟飯原文子
発行者　勝股光政
発行所　以　文　社
〒101-0051 東京都千代田区神田神保町2-7
TEL 03-6272-6536　　FAX 03-6272-6538
印刷・製本：シナノ書籍印刷

ISBN978-4-7531-0313-3